應用叢書

階梯作文 1

邱燮友
李旭昇
張春榮
顏瑞芳
李清筠

合　撰

三民書局

國家圖書館出版品預行編目資料

階梯作文1 / 邱燮友等著.——二版三刷.——臺北市：
三民，2016
面； 公分.——(應用叢書)

ISBN 978-957-14-5154-1 (平裝)

1.漢語教學 2.作文 3.寫作法 4.中等教育

524.313 98002156

© 階梯作文1

著作人 邱燮友等
發行人 劉振強
著作財產權人 三民書局股份有限公司
發行所 三民書局股份有限公司
地址 臺北市復興北路386號
電話 (02)25006600
郵撥帳號 0009998-5
門市部 (復北店) 臺北市復興北路386號
(重南店) 臺北市重慶南路一段61號
出版日期 初版一刷 1996年3月
二版一刷 2009年6月
二版三刷 2016年5月
編號 S 804500
行政院新聞局登記證局版臺業字第〇二〇〇號

ISBN 978-957-14-5154-1 (平裝)

http://www.sanmin.com.tw 三民網路書店
※本書如有缺頁、破損或裝訂錯誤，請寄回本公司更換。

再版序

十幾年前，邱燮友老師邀集張春榮、季旭昇、李清筠等三位教授和我，希望合作編寫一本以國中學生為讀者對象的作文參考書，以增進中學生的寫作能力，師法三十年代夏丏尊、葉紹鈞等人的《文章講話》、《文章作法》。邱老師體諒我們各自忙於研究與教學，沒有太多餘力從事「副業」，所以要我們規劃完整體例後分工合作，以免撰稿時間拖延太久。

經過幾次的討論，我們先後擬定全書架構，確立分卷次序與內容，分配各人負責章節，約定交稿時間，確立行文深入淺出，舉例儘量從國中課本取材的原則，並且決定以《階梯作文1》為書名，打算完成後接著以高中學生為對象編寫《階梯作文2》。取名「階梯」，是希望能引導讀者拾級而登，循序漸進，以領略寫作要領，提升寫作能力。

作文的基本方法和陶養過程，固然有不變的準則；但十多年來，社會環境與教育制度都有不小的改變。因應這樣的變遷，本書利用再版的機會，將不符合現代時空環境與學生生活經驗的範例刪除，並將第20話〈聯考作文〉改寫為〈基測作文〉。但願修訂後的內容，更能符合讀者朋友的需求。

顏瑞芳謹識　二〇〇九年六月

開場白

邱燮友

作文是一種創造，從內心的情意，與外界的景色、人事，組合成一篇動人的文章。要怎樣才能完成一篇扣人心絃，或驚心動魄的文章，這是一種創造，也是一種藝術。

不妨聽聽前人寫文章的經驗，宋人蘇東坡詩、詞、古文都寫得好，是多才多藝，千古第一流的作家，他和宋代歐陽脩是師生關係，而歐陽脩更是北宋文壇的盟主，他們都體會到，文章得自於「三上」。所謂三上，便是馬上、枕上和廁上。換句話說，一篇文章的完成，往往經過較長的思考，文章不是得自於桌上，而是騎在馬上，或是躺在枕上，或是如廁時，思考文章的主題、結構、布局，以及措詞，然後完成一篇文章。同樣地，蘇東坡曾看文與可畫竹，也是先打好腹稿，然後一揮而就，「胸有成竹」，便成為寫文章的過程，如同作一幅畫一樣，是要嘔心深思，才能得到佳句和佳篇。

中學生作文，正是練習寫文章打基礎的時候，怎樣運用基本的語文，作基礎的訓練，就像練拳的人，要學蹲馬步、打籃球的人，要學一些基本動作，如怎樣傳球、運球，怎樣上籃。其實，寫作文，也有基本的語文訓練，怎樣遣詞造句、怎樣布局構思、怎樣命題、顯示主題。在本書中，我們結合了一些有經驗的老師，來打開作文的奧祕，用深入淺出的方法，使中學生對作文不再畏懼，甚而讀了這些奧祕後，不但對作文精進不少，而且會養成寫作的興趣，從中得到作文的樂趣和心得。

我們將作文的基本訓練，分成三部分來學習，也就是上卷，作文基礎認識，包括遣詞、句法、段落、取材、構思、布局、謀篇、立題等八項，當然句讀的連貫、標點符號的使用，也包含在其中。其次中卷，作文進階訓練，其中包括速寫、改寫、讀後感、設定情境、短文訓練、日記寫作等，這些分段的訓練，能精進作文的能力。第三部分是下卷，分類文體作法，分記敘文、抒情文、說明文、議論文、綜合運用作法和升學考試作文。就文章各類體，在作法上有不同的形式結構，使初學者，有規範可循。

前人魯迅曾勉人做作文，要多閱讀名著，才能提升作文的水準，他有一個很好的譬喻：「牛要讓牠吃草，然後才擠得到牛奶。」吃草便是閱讀，擠牛奶便是寫作。所以閱讀和寫作是息息相關的。我們在說明作文的奧祕時，便引了許多中學的課文作為範例；同時，也引名家的文章作為例證，並列舉學生的文例，了解學生階段，如何才能寫好一手好文章。

其次，在作文作法上應注意的事項，我們都很具體地在文中指出，這也就是現今中學生作文最容易忽略的地方。我們希望藉《階梯作文》，來提高中學生作文的能力，並指導中學生通過升學考試的作文，能悟略作文的訣竅，得到高分而考上理想的學校。因此這本《階梯作文》，可以說是針對中學生作文的基礎訓練，套句醫藥的術語，有病治病，無病強身，是可作為文章的津梁，作文的指南。

參與《階梯作文》執筆者，有張春榮、李清筠、顏瑞芳、季旭昇和我，我們曾經過多次的討論，把幾十年作文的教學經驗，用最精簡的筆調，完成這本作文指導的著述，希望從這些作文經驗中，使您的作文，也能更上層樓。

民國八十五年一月二十二日於國立臺灣師範大學

目次

中卷　作文進階訓練

下卷　分類文體作法

上卷

作文基礎認識

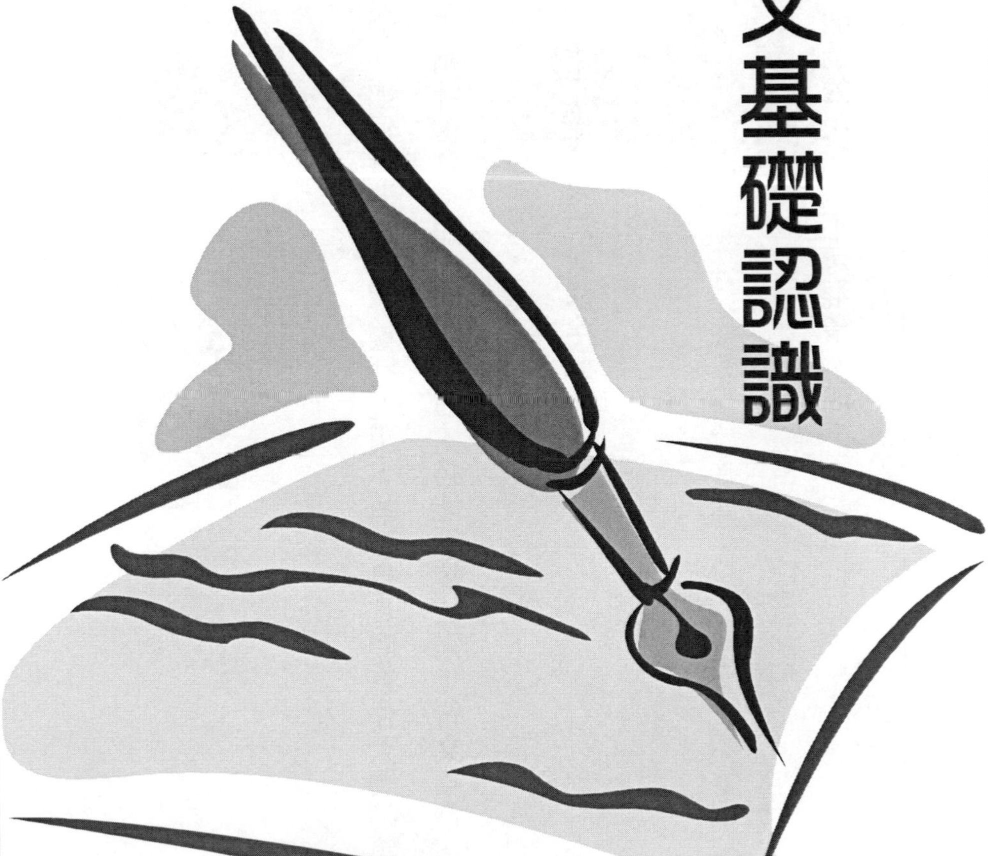

第1話　遣詞

工欲善其事，必先利其器。如何正確遣詞，靈活運用，無疑是打開寫作大門的第一把利刃。字詞如鐵，務必求其精純密實；如此連綴造句，必能鍛鍊成鋼，行文精當，寫出令人激賞的佳作。

遣詞的原則有二：第一，求正確。第二，求生動。

一、求正確

在求正確上，務必辨清語詞的用法，不可混淆。如：

（例一）

參加賽跑的同學在運動場上飛快地馳騁。

（例 二）

他愛護每一分鐘，絲毫不浪費。

（例 三）

點亮霓虹燈。

前面例一中「馳騁」原指騎馬奔跑，進而指開車奔馳；這裡用來講「賽跑的同學」，顯然不適合，宜改為「前進」較穩妥。例二中「愛護」以具體事物為對象，如「愛護花草」、「愛護環境」等。對於抽象的感覺或概念，則不用「愛護」，而用「愛惜」，如「愛惜光陰」、「愛惜這段回憶」等。因此，「愛護每一分鐘」宜改為「愛惜每一分鐘」。就像「搖動」和「動搖」兩個詞，雖然說只不過上下顛倒，但用法上有別。「搖動」底下一定接具體的東西，如「搖動樹枝」、「搖動國旗」等；「動搖」底下一定接比較抽象的事物，如「動搖根基」、「動搖國本」等；在使用造句時，不可用錯。至於例三中，「點亮」一詞不妥，值得推敲。例三中，「點亮」一詞照一般用法，是指點燃而後發出亮光，如「點亮蠟燭」、「點亮煤油燈」；因為蠟燭的燭心、煤油燈的燈芯都要用火點燃。反觀「霓虹燈」

本身是通過電流發亮，只要按下開關，就會先後亮起。因此，宜改為「亮起霓虹燈」或「按亮霓虹燈」。至於在形容詞、副詞的運用上，如：

（例　一）

他是個優越的年輕人，大伙都很欣賞。

（例　二）

士兵頭髮毛茸茸，像短短的鋼針，會刺人似的。

（例　三）

我們激烈歡迎今天的貴賓。

前面例一中，用「優越」來形容後起之秀、青年才俊，顯然不妥，宜改為「優秀」。「優秀」是稱揚、讚許，「優越」（優越感）則是自以為了不起。例二中，「毛茸茸」指頭髮又長又多，但這裡用來指士兵短短的頭髮，如鋼刷、豬鬃等；因此應改作「毛札札」，用來指硬硬短短的頭髮，上下文的意思才能配合一致。例三中，歡迎貴賓應該用「熱烈」，非常熱情地鼓掌歡迎；而不是「激烈」地吼叫吶喊，流於失控的暴亂場面。同樣的，在運用成語形容時，也要恰如其分，力求正確。如描寫思念遠方好友，好友形貌歷歷在目，不宜用「音容宛在」。因為「音容宛在」一向用來哀悼死者，表達哀思之情。以「罄竹難書」來形容對方的善行或著作之多，亦屬不正確；因「罄竹難書」一向指對方滔滔罪行，不可勝數。又如描寫母親，不可形容為「徐娘半老，風韻猶存」，因這八個字一向用來指青樓歌妓，千萬不能亂用。另如描寫對方笑得很開心，也不可形容為「皮開肉綻」，因「皮開肉綻」這四個字充滿血淋淋的畫面，這樣的描述，可說完全不通。比較正確的說法是「她如花朵綻放笑靨」或「他笑得前俯後仰，樂不可支」。

事實上，遣詞用字正確，進而辨析其間差異，對照說明，特別能闡釋深刻理蘊，傳達更精微的意念。例如：

（例　一）

十三、四歲的孩子即被日本人趕出家園流浪，好不容易挨到日本人投降，連家都來不及回，又身不由己的東南西北執著比身子還高的槍到處流浪，然後是，好多人連身上的槍傷還未結疤，又遠從紛亂的港口，逐著海峽強風被趕到了這個島上，流浪，其實是一連串無奈的流放。

（向明《流浪者之歌》）

批評不等於反對，反對不等於敵對，沉默不等於同意，同意不等於支持。

（任秀姗，見聯副編輯室《小語庫》）

（例　二）

前面例一中所謂「流浪，其實是一連串無奈的流放」指出流浪並非充滿詩意的飄泊，出自於主動意願；而是迫於烽火，倉皇逃難，全屬無可奈何的「流放」，根本不是個人所能掌握。例二中辨析語詞間的區別，「批評」包括稱許和糾正，有好有壞；因此「批評」不等於「反對」（如果是「批判」，著重只講缺點）。同樣的，「反對」是針對事件，提出不同意見，並非做人身攻擊，因此「反對」不等於「敵對」（所以有「忠誠的反對」一語），像這樣的理解、對照，有助於我們遣詞用字的精準，焦距清楚，絕不含混。又如：

（例　一）

民初風流倜儻的藝術家李叔同，出家後成為眾人敬仰的弘一大師。他四處行腳，十分隨緣，世界上任何東西都好，但他的生活依然很嚴謹。所以，隨緣不是隨便，不是隨波逐流，更不必隨俗浮靡。

（宋雅姿《坐看雲起時．隨緣》）

（例 二）

唐嘉書的活潑、明朗、精力充沛，使得有她在場的時刻，氣氛都被營聚得生動、熱烈。她並不是那種巧於應對，精明幹練的職業婦女類型，但是她的自信與隨之而來的落拓大方，都令所有與她接觸過的人留下深刻的印象，連沈傑公司裡那個一向吝於讚辭的銷售部經理魯毅，都不由得這麼說：「唐嘉書非常可愛。一個聰明而不精明，隨和而不隨便的女孩兒。」

（鄭寶娟《屠殺蝴蝶》）

（例 三）

我在湖邊坐著，坐在一條鋸下的松樹幹上，兩腳插在雪裡，可是不冷，總有六十多度吧。就這麼坐著，看水。

明明有人，卻靜得厲害，是空曠把聲音都吃掉了。空曠，卻不是那種落寞的空寂，到處充滿著生機。

（裴在美《異鄉女子・大熊山紀行》）

前面例一中說明「隨緣不是隨便」，澄清有些人對「隨緣」的誤解，「隨緣」是以平常心面對一切流轉變化，內心仍保持高度的清明，絕非人云亦云，隨波上下；更非眾人皆濁我亦濁，盲目隨人。例二辨析女主角個性「聰明而不精明，隨和而不隨便」。大抵「聰明」

是蘭心蕙質，靈慧懂事；「精明」則聰慧過人，工於算計。「聰明」有褒義，「精明」有貶義。同樣的，人可以「隨和」，心胸寬廣，但不可「隨便」，做事毫無章法可循。例三辨析「空曠」，卻不是那種落寞的空寂」，指出「空曠」是充滿生機的一片安靜；而「空寂」則是無邊寂寥，枯淡之至。同樣的，「寧靜」與「寂靜」仍有不同，曾永義辨析道：

「寧靜」與「寂靜」表面看來都是「靜」，但仔細品味，彼此之所以為「靜」，便大大不同。先從「寧」與「寂」所衍生的複詞來觀察：寧下可加「一、耐、貼、定」而成為「寧一、寧耐、寧貼、寧定」，寂下可加「寞、歷、寥、滅」而成為「寂寞、寂歷、寂寥、寂滅」；寧上可加「安」而成為「安寧」，寂上可加「死」而成為「死寂」。由這些複詞所傳達出來的意義和境界，不難看出寧靜與寂靜雖同屬為靜，而實有「死生」之別。也就是說寧靜在舒坦中充滿隱隱然的活力，而寂靜則在幽渺中籠罩無邊際的止息。人們之所以安於寧一，便是心靈汩汩然；人們之所以困於寂寥，便是胸懷鬱鬱然。

（曾永義《步步蓮花生．寧靜與寂靜》）

以為「寧靜」、「寂靜」雖均屬無聲，但前者是生機盎然的舒坦，後者則是活力漸渺的空白，似此精微的分辨，將使意念的表達更精準。

二、求生動

在求生動上，首先運用名詞，宜掌握具體和抽象語詞，靈活搭配。如有「人海」、「雲海」、「花海」，自然有「情海」、「苦海」；有「飲冰」、「飲水」、「飲泣」，自然有「飲恨」；有「載貨」、「載人」，自然有「載譽」（載譽歸來）、「載道」（文以載道），有「舉旗」、「舉目」，自然有「舉哀」（舉哀致敬）；因此有「鎖」，即有「利鎖」、「心鎖」。如：

> 我站在花前看山下，山腳是紅塵滾滾的人寰，是名韁利鎖的大囚營，是被咒詛且被思念的臺北。但因為隔著這排茶花，城市忽然變得清純可愛了，錯覺上紅茶花彷彿用一根別針別在城市的胸前，整個城市看來因而有點像別上紅花的新郎新娘，我對這城市可以傾出無限的祝福。
>
> （張曉風〈花朝手記〉）

當然，有「名韁利鎖」，亦可有「名繮利索」，有「心鎖」，亦可有「心牢」：

親愛的亮亮，我想到，生活在這世界的人是多麼像一個風箏，我們手裡拿著「名繮利索」，旁觀者大喊飛呀飛呀！我們就容易忘記風箏的極限，忘記高處不勝寒，放到線斷為止，就失其所終了。

（林清玄《心的絲路．風箏與白雲》）

我也並不想報復安迪。我一想到，我的心因他而自由了，他卻因我住進一所一輩子的心牢，反而覺得很對不住他。

（喻麗清《愛情的花樣．草莓遍野》）

由此可見遣詞可以由實入虛，極其變化。據此加以推衍，有「垂簾」、「垂涎」，自然有「垂青」、「垂愛」；有「釣魚」，則有「釣譽」（沽名釣譽）；有「肉眼」，則有「慧眼」、「法眼」；有「溝壑」，則有「欲壑」；有「買花」、「買櫝」（買櫝還珠），則有「買醉」、「買憂」（孟郊「無事自買憂」）；有了這樣的觀念，行文必能更為靈活曼妙；如此善用豐富的詞藻，文句必定更有華采。其次，運用在短語（詞組）上，亦可發揮具體和抽象語詞的組合，刷新語感，展現語詞的活力。以下文為例：

讓心靈掙脫七情六欲的枷鎖、名利現實的羈絆，讓明透的思維與情緒，自然地由心湖中升起。

（殷穎〈品泉〉）

人是為其他人活著——主要是為了我們所關心的人的笑靨和生活，此外也為一些並不相識的靈魂，因為同情的絲帶把我們與他們的命運繫在一起。

（愛因斯坦〈我心目中的世界〉）

其中「七情六欲的枷鎖」、「同情的絲帶」正是「抽象＋的＋具體」的短語（詞組）形式，分別將「七情六欲」、「同情」比喻為「枷鎖」、「絲帶」。根據這樣的原則，我們自然有「人性的枷鎖」、「命運的鎖鍊」、「歷史的鎖」、「愛的絲帶」、「理性的鋼絲」、「欲望的粗網」等短語可以靈活運用。如：

（例一）

知識之島愈大，驚奇的海岸線便愈長。

（拉夫・W・沙克門）

（例二）

留下一點空間，讓天風在愛之間舞蹈。

彼此相愛，但不要讓愛成為束縛。

讓愛成為靈魂兩岸之間流動的海洋。（紀伯侖）

（例　三）

惡德始於習慣形成之初。習慣是鏽，足以腐蝕靈魂的鋼鐵。（羅曼．羅蘭）

前面例一中由「知識之島」（將「知識」喻為島嶼），引申出「驚奇的海岸線」，指出知識的奧祕有待人去探究挖掘，涉獵越廣，越能融會貫通，越能發現新知的喜悅。例二中由「靈魂兩岸」（即「靈魂的兩岸」），引申出「海洋」（「愛的海洋」），強調愛是豐沛的關懷，不斷的湧現，充滿生生不息的涵容。例三由「習慣是鏽」的比喻，引申出習慣足以腐蝕「靈魂的鋼鐵」的事實，強調習慣剛形成時的重要。所謂冰凍三尺，畢竟非一日之寒；一旦養成壞習慣，要再改，恐怕費九牛二虎之力也不容易挽回。而透過短語的活用，羅曼．羅蘭此句變得鮮活警挺，極具說服力。當然短語（詞組）中「的」，也可以用「之」來連接，如「靈魂之窗」、「智慧之果」、「記憶之門」、「自由之樹」、「法律之劍」等。

大抵運用短語（詞組），貴於活潑生動，鮮明有力；將抽象概念具象化，打動閱讀者的心靈，使人印象深刻。另如：

（例 一）

痛苦是生命的鐵槌，突如其來的一槌會令人心痛；悲哀是生命的針，稍微被戳到就會隱隱作痛，你可以忍受，但它是一種長期的酸楚，與痛苦仍有不同。可以說，悲哀是慢性的，痛苦是急性的。

（林清玄《煩惱平息》）

（例 二）

不做別人知識的儲藏庫，要做自己的動腦工作室。

（蔡志忠編《真理的海洋》）

（例 三）

不過，書雖自成獨立之世界，但吾人著書、看書，卻不是為了逃入與世無爭的象牙塔，而是為了登上文化的瞭望臺，使文化的發展，看得清，走得遠。

（沈清松《為現代文化把脈》）

前面例一以「生命的鐵槌」比喻痛苦，「生命的針」比喻悲哀，兩者相互對照，使人深切感悟到「痛苦」與「悲哀」的差別。例二透過人我相對，認為與其做「知識的儲藏庫」，只知背誦、記憶，不如做具有創意的「動腦工作室」，能開發、創新。例三透過「與世無爭的象牙塔」與「文化的瞭望臺」的對比，指出看書的積極意義在增廣見聞，高瞻遠矚，養成恢宏的氣度，而不是只知躲在書堆中消極避世，不管人間煙火。

最後值得一提的，運用短語（詞組）時，句中動詞要與之相配合，形成合理的敘述。因此面對「七情六欲的枷鎖」要「掙脫」，也可以「卸下」、「解開」；面對「愛的絲帶」可以用「繫」，也可以用「綁」、「打結」；面對「想像的翅膀」，可以說「乘著想像的翅膀」，也可以說「展開想像的翅膀」；基於這樣的認知，像底下的敘述：

（例 一）

我和你走過的每個地方，都變成捆綁我記憶的牆。

（例 二）

六〇年代的抒情老歌了，不同的歌手唱過、自己也哼過，歌聲中燭光映照你不再年輕的臉，卻與舊日出奇地相像，我幾乎有些迷惑了，時間的斷層不斷在戲弄我、試探我在追尋與割捨之間的決心……

前面例一中「記憶的牆」和「捆綁」無法配合在一起，如果改成「記憶的絲線」才能和

「捆綁」形成統一的敘述。例二中「時間的斷層」和「戲弄」、「試探」配合得極不自然，改成「撞擊」或「限制」，也許會比較合理。猶如「時間的風沙」宜配合「淹埋」，「時間之刀」宜配「割」、「雕刻」，「時間的齒輪」宜配合「滾動」，不可任意搭配，違背常理。

第2話 句法

寫作是文字的藝術。如何鍊字鍊句，無疑是揮灑行文前必備的基本功夫。因此，凝慮運思，動筆鑄句時，要把握兩個原則：第一、求精簡。第二、求變化。求精簡，即文字的減肥，要求句子精約扼要；求變化，即文句的藝術化，要求句子靈活生動。

一、求精簡

所謂「句之清英，字不妄也」，警策精采的句子必定一字不可多，也一字不可少，切中事理，擊中人心。大抵學生在詞彙越來越豐富時，往往出現句中冗詞廢字太多的毛病，值得注意。例如：

（例 一）

高潮不斷迭起。

（例 二）

我們紛紛提出許多問題。

（例 三）

大家住的地方距離相隔不遠。

前面例一中「高潮迭起」的「迭」，就是「不斷」的意思，不必再加上「不斷」，形成浪費。猶如「公之於世」，不必硬要寫成「公諸於世」，因「諸」即有「之於」的意思。例二中「紛紛」和「許多」意思重複，只要採用一個即可，如「我們紛紛提出問題」或「我們提出許多問題」。例三中「距離」和「相隔」意思重複，宜改為「大家住的地方距離不遠」或「大家住的地方相隔不遠」。又如：

（例 一）

人數到得很整齊。

（例　二）

那一只手錶潔白光亮，光彩奪目，金光閃耀。

（例　三）

只要這個工作對人民有利，它就是光榮的工作。

前面例一可以簡化為「人數全到齊」五個字，意思就很清楚。例二先後用「潔白光亮」、「光彩奪目」、「金光閃耀」來形容手錶，其實三組意思非常接近；似此造句，堆砌詞彙，無疑畫蛇添足，實在不必要。在這裡，採用一組來形容即可。例三中「工作」二字一再重複，第二個「工作」可以承上省略，寫成「只要這工作對人民有利，它就是光榮」即可。

基於以上的認識，可見求精簡的原則，在消極方面刪掉不必要的字，避免疊床架屋，過於囉嗦的語病；在積極方面，或承上省略，或探下省略，使前後文句變化，免除機械、板重之失。例如：

（例　一）

這個家喻戶曉的小故事，究竟涵義何在，恐怕見仁見智，各有不同的看法。我們通常總是覺得那位哲人視尊榮猶敝屣，富貴如浮雲，雖然皇帝駕到，殊無異於等閒之輩，不但對他無所希冀，而且亦不必特別的假以顏色。可是約翰孫博士另有一種看法，他認為應該注意的是那陽光，陽光不是皇帝所能賜予的，所以請求他不要把他所不能賜予的奪了去。這個請求不能算奢，卻是用意深刻。因此約翰孫博士由「光陰」悟到「時間」，時間也者雖然也是極為寶貴，而也是常常被人劫奪的。

（梁實秋〈談時間〉）

（例　二）

我曾在夏天來過，墓石上一片綠油油，纏生著的是常春藤，蓋滿了墳地。墓後的這塊冰冷的石牆，在夏深時也會呈現一種較暖和的色調，大自然以它沉默的方式安撫著早逝的天才和他的親人，夏天以葉，冬天以雪。

（蓬草《櫻桃時節‧梵谷的頂樓房》）

前面例一中「那位哲人視尊榮猶敝屣，富貴如浮雲」，由於上句有「視」，下句就不必再寫「視富貴如浮雲」。例二中「大自然以它沉默的方式安撫著早逝的天才和他的親人，夏天以葉，冬天以雪」，亦承上省略。如果不承上省略，繼續寫「夏天以葉安撫著早逝的天才和他的親人，冬天以雪安撫著早逝的天才和他的親人」，將令人厭煩，不耐卒讀。又如：

（例 一）

他曉得這時的小村裡是幾乎無人的：年輕人，就像以前的他一樣，長年在外工作，難得回家；留下來的老年人和小孩，則大都去附近荒僻的田野間種作和上學了。村子可以說是空的。他的心也是。

（陳列〈療傷／老兵儀式〉）

（例 二）

「不是總有。」她低下頭，撫著髮，一起向記憶之深淵探影：「是一直有。」抬頭很肯定的說：「愛情。」

但是，那樣多癡情於她的，不舍晝夜追隨著她的，竟都聽不懂她心中的天籟！

「他們說，我想得太多了！」她憾然一嘆：「但，我自己清楚知道我想的是什麼？我知道，如果不能對生命有解釋的答案，與其兩個人一起茫然，不如獨自。」

（簡媜《只緣身在此山中，卻忘所來徑》）

前面例一「村子可以說是空的。他的心也是」中，第二句承上省略「空的」。例二「如果不能對生命有解釋的答案，與其兩個人一起茫然，不如獨白」，第三句承上省略「茫然」。至如探下省略，如徐志摩〈偶然〉：

你我相逢在黑夜的海上，
你有你的，我有我的方向。
你記得也好，
最好你忘掉，
在這交會時互放的光亮！

（徐志摩〈偶然〉）

其中「你有你的，我有我的方向」，第一句「你有你的」則因下一句已出現「方向」而加以省略。

對於造句上的精簡，俄國托爾斯泰的意見最值得重視：

寫作的藝術，其實，並不是寫的藝術，而是刪去寫得不好的東西的藝術。

因為知道不應寫什麼，將多餘部分除去，必能鮮明凸顯出重點所在。而對於刪改，六朝劉勰提出「善刪」的準則：

善刪者，字去而意留。（劉勰《文心雕龍・鎔裁》）

可見刪改是求精簡，是高密度的濃縮；如果省略太多，造成晦澀難懂，則不足效法。如：

（例一）

牧童騎在牛背上，邊走邊吃草。

（例二）

比起一個髮型設計師，信任水果販子所冒的風險實在微不足道。上個月我去燙髮，那個對自己的手藝、審美眼光都信心十足的香港師傅是這麼對我說的：

「放心！你儘管放心把你的頭交給我！」（劉靜娟《成熟備忘錄・神仙打鼓有時錯》）

前面例一中第二句沒有寫上主詞「牛」，結果讓人讀起來以為牧童是「邊走邊吃草」，造成誤解；例二中「你儘管放心把你的頭交給我」，聽起來非常恐怖，因為這句話將「你儘管放心把你頭的髮型交給我來處理」中一些字眼省去，形成不同的意思。像這樣的語病，一定要避免。

二、求變化

變化句法的要訣有二：第一、善用動詞，化靜態為動態，使句子生動有力；第二、善用名詞，出入於具體與抽象之間，使句子靈活入妙。以唐朝詩人岑參的詩句為例：

孤燈燃客夢，
寒杵擣鄉愁。

第一句如果寫成「孤燈照棉被」，無疑點金成鐵，把原來靈動的句子破壞了。因原詩動詞用「燃」，呈現出動態的畫面，一改成「照」，則律動的感覺消失，變成靜態的客觀；同時原詩受詞（名詞）用抽象的「客夢」，現改為具體的「棉被」，根本無法描寫出遊子異地思念故鄉的焦灼心態。由此可見：掌握動詞，可以使句子遒勁；掌握名詞，可以使句子活潑；而兩相配合，可將句法的靈妙發揮得淋漓盡致。

在動詞上，化靜態為動態的例子，如：

（例 一）

而童年的眼睛，看著那些刺入水田的秧針，稀稀疏疏地，才不過幾日工夫，竟在春雨滋潤下，榮發成一整畝密密森森的碧綠稻稈，且很快結出穗實，他便非常驚異於雨水為秧苗所灌注的神奇的生長力量，彷彿碗裡一顆顆珍珠般的蓬萊米都是雨的顆粒凝結成似的。

（陳幸蕙《人生溫柔論・淋漓》）

（例 二）

閃光在抖動，雷聲在碾壓四野，獸一般野蠻的廝殺在埰圳上進行著。帶傷的在爬動，垂死的在呻吟，死屍橫七豎八，樹根一樣的絆人。六指兒童貴隆扔了彎把短銃，端起那支上了刀刺的洋槍，在雨裡奔跑著，他不再想什麼，也看不見什麼！天已在暴雨中昏黑了，一頭新異的陌生的獸蹲踞在他心裡，撕他咬他，使他血管

膨脹，胸膛要爆裂開來，他不知那是什麼。（司馬中原《荒原》）

（例　三）

一會兒，鑼響一聲，幕拉了起來，文武場突然迸發出震耳的響聲，與觀眾的掌聲合成一片，像是山石滾落陡坡，翻騰跳躍著一下塞滿了整個大廳，更耐不住要向外衝撞，一直淹向外面的大街了……（楊照《蓮花落》）

前面例一中寫秧針「刺入水田」，極富律動感；如果改為「長在水田的秧苗」，讀來平常無奇。例二「雷聲在碾壓四野」，刻劃出雷聲轟隆大作的情景；如寫成「雷聲響在四野」，則毫無震懾人心的感覺。例三描寫聲響大作場面「像是山石滾落陡坡，翻騰跳躍著一下塞滿了整個大廳」，其中動詞「翻騰跳躍」頗能傳達出熱鬧沸騰的情景，如果改為「接連不斷」（或「前呼後應」或「此起彼落」），顯然均不如原作的生動有力。其次，運用在描寫時，結合擬人的技巧，可以使句法更新穎活潑。如：

（例　一）

小嚴是變多了，讀書的時候他還是個靦覥的小伙子，現在卻歷練得如此有擔當。

我無言以對，只好走開去，讓風和寂靜與他繼續對話。

（白靈《給夢一把梯子》）

（例　二）

不僅岸邊多石，海中也多島。火車過時，一個個島嶼都不甘寂寞，跟它賽起跑來。畢竟都是海之囚，小的，不過跑三兩分鐘，大的，像龜山島，也只能追逐十幾分鐘，就認輸放棄了。

（余光中《記憶像鐵軌一樣長》）

（例　三）

夜再深，連紫色的跑道燈都熄了，便把天地交給星子們去守候。海面橫躺在遠方，沉靜了一日，不甘寂寞，跟著把一盞一盞的漁火點燃了。

（侯文詠《離島醫生・風島豔夏》）

（例　四）

風和蔦蘿在交頭接耳，惹得吹紅喇叭的小花和貓鬚一般的綠葉紛紛好奇的打量我。我已經失去孩提的時候，對園子裡乍現的花草追根究底的動力。花園曾是心田的一隅，而今心死，花園早也該埋葬在陌生的野花雜草裡。

（鍾怡雯《河宴・童年花園》）

前面例一中將「風」、「寂靜」擬人，因此造出「讓風和寂靜與他繼續對話」的生動句子。例二將「島嶼」擬人，於是形成「賽起跑」、「追逐」、「認輸」、「放棄」的律動情境，極為鮮活。例三將「星子們」、「海面」擬人，於是產生「守候」天地、「點燃」漁火的動態畫面。例四將「風」、「蔦蘿」、「小花」、「綠葉」擬人，於是客觀風景充滿主觀情意，交織成「交頭接耳」、「吹紅喇叭」、好奇「打量」的熱鬧情境。

在名詞上，出入於具體與抽象之間，如：

（例　一）

這座大廈是一位建築師的理想跟一位在南洋發了財的僑商的錢合作完成的。馮諼花了孟嘗君的一大筆錢去幫他買「義」，建築師花了僑商一大筆錢去幫他買「美」。白色的大廈在顏色上跟它的環境，白色的沙灘，完全溶化在一起，好像它本身會失去了「形狀」。可是建築師利用每天上下午的陽光來給房子染色，來給房子描出形狀，使那海上的大廈看起來格外美麗，格外像是用「光」造成的建築物。

（林良《鄉情·古堡》）

（例　二）

蚜蟲吃青草，
鏽吃鐵，
虛偽吃靈魂。
（契訶夫）

（例 三）

與其要穿同肉體合身的衣服，寧可要穿同良心合身的衣服。
（托爾斯泰）

前面例一中「買」底下通常接具體的東西，現改成抽象的「義」、「美」，這樣的句子往往使人耳目一新。例二由具體「蚜蟲吃青草」、「鏽吃鐵」（將「鏽」擬人）的事實，引申出抽象的「虛偽吃靈魂」（將「虛偽」擬人）；可說句法靈活，立意深刻，頗能發人深省。例三由具體的「同肉體合身的衣服」，引申至「同良心合身的衣服」，強調內在美之重要；這樣的造句，毫無難字，卻言淺意深，引人共鳴。當然，抽象概念也可以和擬人技巧結合，造出刷新語感的句子。如：

真理可能被遮掩頃刻，真理它卻永不會彎腰。
（臧克家〈勝利的狂飆〉）

真理激起反對自己的風暴，來散播自己的種子。
（泰戈爾《漂鳥集》）

強調世界上有陽光一定會有烏雲，但終必撥雲見日，雨過天青；因此，面對黑暗面對風暴時刻，仍要秉持信念，在失望中永不絕望；讓真理的陽光重新綻放，真理的種子茁壯成長。

至於相同句子間名詞（受詞）的安排，由具體帶到抽象，最能拓深文思形成變化。

如：

（例一）

怎麼會這麼明亮呢？我瞇縫著眼睛向窗外看去，兜眼竟是一排銀亮的雪嶺，昨天晚上下了一夜大雪，下在我無夢的沉睡中，下在歲月的溝壑間，下得如此充分，如此透徹。

一個陡起的記憶猛地闖入腦海。也是躺在被窩裡，兩眼直直地看著銀亮的雪嶺。母親催我起床上學，我推說冷，多賴一會兒。母親無奈，陪著我看窗外。「諾，你看！」她突然用手指了一下。

（余秋雨《文化苦旅‧老屋窗口》）

（例二）

主人客人扮演得熱鬧的人目前並未絕跡，遺憾的是「場面中的人」居多，他們未必好客，也未必甘願作客，自有其不得已也的因素在內。一朝從「場面上」退下來，不要說活生生的客人，就是那一具黑烏烏冷冰冰的電話都難得響，那種悽涼，又數倍於常人。難怪幹過大事的人，都喜歡標榜歸隱山林，再不濟的也搬到市郊去住，車馬喧囂，他們不見得不願聽，只是不忍聽。

人口越來越多，寂寞也越來越深，也許是被擠的，人都變得畏畏縮縮的，除非為了「覓食」。誰都不輕易的把腦袋伸出來。就在那個狹窄的自我裡不住的想一些永遠想不透的事，想到老，想到恨不得有一個打錯了的電話打過來。聽說美國有一些老人，每天一早，都不憚其煩的把自己打扮成如見大賓的模樣，然後接待每天都來的同一位客人——寂寞。

（亮軒《主與客》）

前面例一中寫一夜大雪下在山嶺，「下在我無夢的沉睡中」，進而「下在歲月的溝壑間」；正是由空間帶向時間，由現實帶向回憶，像「下在歲月的溝壑間」這樣的句法相當活潑。例二寫接待客人，由接待有血有肉的人，最後至接待「每天都來的同一位客人——寂寞」，通過句意的變化，寫出老人的寂寞。另如：

（例　一）

如果生命是一甕酒，我們愛的不是那百分之幾的酒精成分，而是那若隱若顯的芬芳。

如果生命是花，我們愛的不是那嬌紅豔紫，而是那和風日麗下的深情的舒放。

如果生命是月球，我們愛的不是那些冷硬的岩石，而是在靜夜裡那正緩緩流下來的溫柔的白絲練……

如果生命是玉，我們愛的不是它的估價表，而是那曖曖柔光中所透露的訊息。

如果生命是琴，讓我們忘記這長達一百六十公分或一百八十公分的梧桐木，讓我們愛的是音符和節拍之上的音樂——也許別人聽不到，但我們知道，它在那裡，在一個小小的劃撥的動作裡，可以觸動多少音樂啊！（張曉風《給你‧不是美酒》）

（例　二）

在我的記憶中，每到冬天，母親總要抱怨她的腳痛。她的腳是凍傷的。當年做媳婦的時候，住在陰暗的南房裡，整年不見陽光。寒凜凜的水氣，從地下冒上來，從室外滲進室內，首先侵害她的腳，兩隻腳永遠冰冷。

在嚴寒中凍壞了的肌肉，據說無藥可醫。年復一年，冬天的訊息乍到，她的腳面和腳跟立即有了反應，那裡的肌肉變色、浮腫，失去彈性，用手指按一下，你會看見一個坑兒。看不見的，是隱隱刺骨的疼痛。

（王鼎鈞《碎琉璃．一方陽光》）

均透過「不是」（否定）、「是」（肯定）的映襯，由上句具體（名詞）陳述，帶出下句抽象（名詞）的意旨。前面例一中作者自述愛的不是「酒精成分」、「嬌紅豔紫」、「冷硬的岩石」、「估價表」（均屬具體），而是「若隱若顯的芬芳」、「深情的舒放」、「緩緩流下來的溫柔的白絲練」（指月光）、「曖曖柔光中所透露的訊息」，強調生命中意義的重要，偏於抽象、細微的層次。例二中，藉著「看見一個坑兒」至「看不見的，是隱隱刺骨的疼痛」，描寫母親腳凍傷的情景。而這樣的句法運用，最能傳達較深刻的見解與感受，值得學習、活用。

筆記欄

第3話 段落

一篇文章的組成，是先將一個個詞彙依照一定的次序聯結成句子，再將若干個循著某個意念發展的句子串聯為段落，最後將若干環繞文章中心思想寫成的段落組合成篇。相對於割裂的詞語和零散的句子，段落無疑較能完整呈現作者的思想情感，反映其思路。各個段落所表達的意念，都是從中心思想衍生出來的，就像樹枝從主幹中生出，展布綠意，段落一方面串聯著全文的中心，一方面又是一個獨立完整的個體。

文章分段的作用，在消極方面，可使文章條理清楚，易於閱讀；積極方面，則由於段落間承轉的變化與呼應，而增加了文意的強度。

在實際寫作時，一篇文章要分成幾個段落，每個段落大致要表達哪些內容，有哪些材料可資運用，是我們在構思取材階段便已初步框定的，而如何安排各段的次序，設計段落之間的呼應，就必須在布局時費心思量了。

一個段落必須承載一個獨立完整的訊息。所謂獨立，是指這一段所要傳達的意念足以和其他段產生明確的區分；而所謂完整，則是要求段落內的文字，能夠清晰的將所欲傳達的意念表達出來。段落的內容或是對某概念自某個角度所做的分析；或是就某個人物自某個剖面切入的描述，或是依某件事在某個階段的發展情形所做的紀錄……；無論內容是什麼，在這個段落中，作者都必須向讀者交代清楚。如果我們在此段中所陳述的內容太過龐雜、細碎或是與其他段落產生粘黏混雜的情形，就反映出我們的思考尚未成熟，所以才會有思路不清、格局無法開闊的窘境。因此，段落分明，是進行分段時的最高指導原則。

段落的分割，是依據意念的表達進行的。因此，即使在文章中採用了分行書寫的形式，只要它的意念尚未結束，仍不可視之為分段。而各段文字的多寡，決定於能否充分表達該段的中心思想。短則兩三句，長則十幾句或幾十句，甚至還有合數小段為一大段的情形。

段落要想分明，各段的主題意念就必須明確精純。所以，當我們在構思階段時，就必須反覆斟酌各段內容間是否有所重疊，當如何刪併或離析，使各段都能指向單一目標。然而就像人體一樣，雖然各器官均有其職司，但它們積極的目標則是透過彼此的協調支援，促成生命的活潑。

段落綴合成篇是串珠成鍊的巧思。每一粒珍珠都有其圓潤的光澤，經由線的貫串，而形成鍊的整體美。賞玩珠鍊時，我們未必能看到線的存在，但卻深切明白線的關鍵地位。然而這根線，只能將有內在聯繫的材料串結，所以各段的內容，都必須緊緊圍繞著文章中心。

在文章中，段落的呈現方式，大致有兩種：一是各段互相聯絡，一是每段自成結構。前者是多數文章採用的方式，在文章中我們可以明顯的感受到各段之間是以時間的進行、空間的轉換、意念的遞進……等方式承接的。像張曉風的〈行道樹〉以行道樹的快樂和憂愁作為主軸，首段交代敘寫對象的所在位置：立在城市的飛塵裡。二段承一段而來，說明它們原先生長的環境與活動，用以對照目前的情境，並藉「墮落」、「一身抖不落的煙塵」寫其憂。三段就其處境抒發感受，並對自我所做的選擇有深切的期許；此段兼寫憂樂：「悲涼的點綴」是其憂，而「痛苦的神聖事業給予深度」則因憂而樂。四段承「悲涼的點綴」而來，進一步闡述它們如何熬過長夜迎接光明；此段主寫憂，所以道出「不被瞭解的孤獨」、「苦熬著把牙齦咬得酸疼」，但亦以「迎接太陽」寫其樂。五段承「朝霞升起」，寫其在晨光中的想望；而以早起孩子貪婪呼吸新鮮空氣寄寓其樂，亦同時透過「固執地製造著不被珍惜的清新」表達其憂。六段總結全文，點出主旨。這種寫法中，各段間的關係比較緊密，先後也有一定的次序，如果抽掉一段或是調動了次序，都可能形成意念不相聯貫的情況。後者呈現出來的是散列性的結構，這種方式是並列地記敘一些事物，這些事物看似不相連屬，數量上可以增加，可以減少，先後位置也常可以調動。表面上看起來每一段自成一個單元，但細細品讀，仍可發現聯繫的存在。聯繫的方式，有時是在篇首或篇尾加上一段總括的文字，有時則完全捨棄文字的形式，必須由讀者自行從這些各自獨立的段落中去整合。

前文曾經提到各段要寫些什麼內容，在構思階段就必須先做規劃，但是哪些東西是可以寫在一段之內，或者我們該從什麼角度決定段落的分割呢？這個問題事實上關涉著文章中心思想的深淺和材料的豐瘠，很難有一個呆板的公式，只能概括地歸納出一些原則：

一、**以同一時間為分段的依據**。如果文章是以時間的推移為順序來組織材料，像是人物傳記，就可以採用這種分段方式。將同一時間（如某一年、某一天、或是清晨、夜晚）或同一次序（如第一次、第二次）的相關資料寫在一段。像胡適的〈差不多先生傳〉，前三段概略介紹傳主的基本資料和人格特徵後，接下來的各段，就是以同一時間來分段：

「小時候」紅糖白糖不分、「在學堂的時候」山西陝西不分、「後來」做伙計時千十不分、「有一天」搭車遲到、「有一天」得病找錯大夫。而陳源〈哀思〉中記二次與孫中山先生謀面的情形，則是以「第一次」、「第二次」做分段的依據。不過在處理第二次這個段落時，為了區隔遠觀與近瞻的不同視角，表現孫先生觀戲前、觀戲中、觀戲後的層次，又細分為三段。

二、以同一地點為分段依據。寫景、狀物的文字常藉空間的變換來構成篇章，這時，我們就可將同一空間（或同一連帶性地區）的材料組合成段。像謝冰瑩〈盧溝橋的獅子〉中，第二段寫廣安門外的小溪，第三段寫宛平縣。

三、以同一事件的發展過程為分段依據。記錄一件事情，如果用的是簡筆，那麼這個事件從起因到發展到結果，都可以包括在同一個段落，像胡適〈母親的教誨〉記他因說話輕薄而被母親責罰的一段。如果記述時用的是繁筆，那麼就可以按照原因，發展和結果等不同階段加以分段，像朱企霞〈孤雁〉一文，首段交代緣起，中間四段順著時間進行而以情況的變化做分段的基準，末段則寫出結局。

四、以同類的事物或道理為分段的依據。這是分段時最常依循的標準，不管記敘或議論，我們常會藉由不同角度來凸顯中心，這時就可以把同一角度下的相關資料組合成段。像吳延玫〈火鷓鴣鳥〉的首段就是環繞著牠的外形加以敘述的（寫牠的衣裳、形狀、喙子、爪子）；又如何仲英〈享福與吃苦〉的第四段，舉出古今中外聖賢豪傑——佛世尊、孔子、陶侃、格蘭斯頓的事跡，說明吃苦精神鍛鍊的必要；〈志摩日記〉首段中，先揭示了「數大便是美」的道理，再列舉了五個都能具體表現這個道理的景物，最後再分析數大何以為美的原因，採用的也是這種方式。

在段落的處理上，為了使文意聯貫不絕，必然會觸及到兩個問題：段內文句的產生與銜接、段落與段落之間的承接。後者隨著思路的發展，可以產生各種不同的面貌。大略而言，則可概括為局部性的前後呼應和整體性的一路照應。至於其間的巧妙變化，本書「布局」一章有詳實的說明，此處不多贅敘。

觀察一篇通順的文章，我們會發現：段落並非一群雜亂無序語句的湊合體。段落內各個文句的產生和聯結，必須建立在本段的中心思想（即段落大意）上。在實際寫作時，這個中心思想常是藉由一個句子具體呈現，這個句子，可以稱為主句。主句出現的位置不定，或在段首（如朱自清〈匆匆〉第三段以「去的儘管去了，來的儘管來著；去來的中間，又怎樣地匆匆呢？」領首，表達時間來去的匆忙）、或在段中（如前文第一段「我們的日子為什麼一去不復返」句）、或在段末（如前文第四段「但不能平的，為什麼偏要白白走這一遭啊」），在它前後衍生出的無數語句，基本上都是歸屬在這個主句的領導下，盡其職分。就像〈匆匆〉一文的首段，主句是對逝去不返日子的警覺，為了強化「不復返」的事實，就衍生出了三個自然界周而復始的現象，以形成反襯的作用；而在驚覺逝日不復的事實後，接連發出五個詢問，追問其去處，而這些不可能有答案的問題，也就把「不復返」的事實更具象化了。在這個段落中，主句在段中，與段首各句在文意上是反面的轉接，而與段末的各句則是正面的順接。

那麼，我們應該怎樣在段中安排主句和其他附屬的句子，使它們都能夠發揮各別的職責呢？常用的方式有下列幾種：

⑴詳細說明法：這是最常用的方法，寫作時先確立中心思想，再根據此中心發揮說明，因此，主句常出現在段首。像張騰蛟〈溪頭的竹子〉的第五段，以「這裡的竹子是很講究秩序的」為主句，接下來具體它們如何講究：「它們有它們的領域、地盤」、「絕不會獨個兒走向其他林木叢裡去，也不會讓其他的林木走進它的行列裡來。」「竹林就是竹林，純得很……」。又如張蔭麟〈孔子的人格〉第二段段首揭示了「他們所遇到的是怎樣一位先生呢」作為中心，接下來各句分別自衣冠、視盼、舉止、言談、性格偏好……等方面詳細說明。

(2)例證法：這是用能證明中心思想的例子來展開段落的方法。如何仲英〈享福與吃苦〉的第三段，先提出「古今中外，幾多聖賢豪傑，那一個不是從吃苦中磨鍊出來」為主句，再藉由佛世尊入山苦修、孔子周遊天下、陶侃搬磚、格蘭斯頓劈柴等事例證成中心思想。又如陳之藩〈失根的蘭花〉第五段先寫至美國後情感轉變的例子（包含夜裡的夢中和白天的生活中），用以證明他在段末歸結出的中心思想：「等到離開國土一步，即到處不可以為家了」。

(3)因果法：先說因，後列舉果，是以因為中心思想，果為附屬意思；如果先說果，再列舉因，則是以果為中心思想。如張騰蛟〈溪頭的竹子〉第七段：「正因為這裡的竹子創造了它們獨特的風格，創造了它們獨特的姿態，所以，喜歡這些竹林的人是很多的，我就發現到一群群的遊人佇立在竹林的外面，用一種痴痴的眼神去凝視那些竹林的深處。我想，他們一定也是被這些竹子吸引了。」

(4)譬喻法：這是將段的中心思想透過譬喻來呈現的一種方法。如張曉風〈我要去放風箏〉末段，以「把整場生命也看做一場放風箏」的譬喻，呈現她在本段所要陳述的人生體得：「不管手裡有沒有風箏，不管自己會不會放，更不管有沒有風，有沒有好玩伴，只要興興頭頭的知道自己要去做一件事情，便已歡欣不盡了」。

除了上述幾種方式，在記述事件或景物時，我們常可採時空移轉法，藉由時間的進行，推展出事件；藉由空間的變化（或角度的改變），展布出所寫對象的特質。而這類寫法寫出的段落，往往不易找到一個句子來表述全段的中心思想。如朱自清〈背影〉的第五段藉敘述父親為他買橘子的經過寫他對父愛的體會，整段文字順著時間的進行漸次帶出，文中只表現了他目睹經過的反應，而主要的意念，則要靠讀者在字裡行間覓尋。又如吳延玫的〈火鷓鴣鳥〉首段，旨在概括介紹火鷓鴣外形上的特色，並藉以帶出「七姑姑」的名稱，開出下面各段；而徐志摩〈我所知道的康橋〉首段用的也是這種手法。

段內文句在銜接時，要注意聯貫、秩序兩個原則。聯貫指的是本段前後各句在內在情意的發展或思路的進行，能夠通行無礙。要想達到「通順」的要求，首先必須成熟的醞釀本段所欲呈現的意念。如果沒有經過醞釀的過程，提筆隨想隨寫，雖然也可以串句成段，但終不免有血路不通、文氣不順的僵滯感。不過「聯貫」並非要求前後文句必須一意相承，觀察一些名家的佳作，我們常可發現他們在文中往往於順承之後，忽然從旁面或對面推開，使文章產生翻奇的效果。如琦君〈故鄉的桂花雨〉第四段寫杭州名勝滿覺瓏的桂花，從賞花、品嘗「桂花栗子羹」、搖桂花、踩在桂花滿鋪的土地上一路寫來是順承。但由滿地桂花使她想到母親所說的「金沙鋪地，西方極樂世界」，文意便向旁拓展，寫母親「一生辛勞，無怨無礙」，是因為內心有這樣一個極樂世界。經過醞釀後的意念表述成文字時，還可藉由形式上的設計，使前後文句綴合更為緊密。這些形式上的綰合，常透過連接詞語的運用，達到其效果。它們有的用來表示關係（如因果關係的「因為」、「所以」、「於是」；轉折關係的「然而」、「不過」、「但是」；推測關係的「可能」、「或許」；推展關係的「至於」、「又」、「也」；條件關係的「如果」、「假使」；總括關係的「無論」、「總之」）；有的用來指陳時間（如「有一天」、「這時」、「從前」）；而比較能夠展現作者創作功力的則是運用修辭技巧，使上下文接合無縫。如這些例子：

可是，不管你選擇什麼路，必須要不停留地一步步走去。**朋友**，只管走過去吧。

（熊崑珍〈路〉，呼告）

早上我起來的時候，小屋裡射進兩三方斜斜的太陽。**太陽**，他有腳啊，輕輕悄悄地挪移了。

（朱自清〈匆匆〉，頂真）

第一次的感覺真奇妙。**第一次**去露營，**第一次**自己動手做飯，**第一次**坐火車，**第一次**……。

（周素珊〈第一次真好〉，類疊）

必須留意的是：在我們使用連接詞時，必須切實弄清楚前後文句的關聯。很多同學在寫作時，常任意使用「所以」、「總之」等詞語，意圖連接上下文，但上文的內容卻不足夠支撐下文的推斷，使得文意的表達不夠流暢。

至於秩序則是說前後文句的進行，能有一個清楚的方向，像寫時間，可由早到晚，或由晚至早；寫空間，可由上及下，下至上，或自遠而近，自近及遠；論事理，先重後輕，先小後大等；寫人，先外貌，次個性等。在沒有成熟駕馭文字的能力前，不要輕易嘗試讓文句間的跳動太大，如此，很可能予人凌亂混雜的印象。像下面這段寫人的文字：

她長得矮矮瘦瘦的，留著長頭髮。她最喜歡吃巧克力，臉上戴著一副深度眼鏡，說起話來像機關槍一樣。沒事的時候，她總愛拉著人到處閒逛。她有兩顆蛀牙，待人很親切，臉上還有可愛的雀斑。

讀後你必然會發現在寫人時，一會寫身材面貌，一會寫嗜好，一會寫性格，各個文句間聯結得很突兀。如果我們能夠把描述的類別加以集中，如將末句與戴眼鏡一句串合成「長著可愛雀斑的臉上，戴著一副深度眼鏡」移到「長頭髮」之下；並將其中存在關係的句子併合，如將有兩顆蛀牙，視做喜吃巧克力的結果加以綜合，會使文章的秩序較為明晰。

文章的成功，是每個環節的緊密結合，經營好每一個段落，就有希望寫出優美動人的佳作。

第4話 取材

在構思的過程中，我們初步決定了文章所要表達的意念及其表現方式，然而，這些意念還必須藉由若干材料加以落實。就像任何產品的製作，都必須要有相應的材料，而材料愈多，可供選擇的空間，自然也就愈大。因此，我們平時就必須注意材料的蒐集與積累。

「材料何處尋？」恐怕是初習寫作的人常有的困惑。很多同學可能會認為以自己一個平凡的中學生，能有什麼好材料可以走入文章。如果你真這麼想，即使絕佳的材料親切地走向你，你也可能渾然無覺。事實上，在寫作的天地裡，任何材料只要用心有情就都是好材料，而生活，就是我們取用不竭的寶藏。古人不就說：「好鳥枝頭亦朋友，落花水面皆文章」「世事洞明皆學問，人情練達即文章」，自然山川、人情世事中，無處不有可以入文的材料。

不管你的生活如何簡單，總無法割斷與人物、時空互動的網路。而在這一條條糾結的網路上，無時無刻不在傳輸著新的訊息，就看你有沒有用心去觀察、去諦聽、去觸摸、去感受了。我們不妨巡禮一下以下選錄的篇章，它們所記錄的，多半是個人生活經驗中的某個片段：或是與人之間的情分（如朱自清〈背影〉）、或是對某個空間的感受（如徐志摩〈我所知道的康橋〉）、或是某一次事件的過程與感觸（劉墉〈你自己決定吧〉、宋晶宜〈雅量〉），這些篇章就材料而言，都十分尋常，但由於作者的用心，因而滋生了豐盈的情味。

一般而言，散文在材料上的要求最自由，三十年代的散文大家周作人就曾經將「蒼蠅」寫入文中，成就一篇膾炙人口的佳作。所以，你不必自我設限，儘管放心大膽的在你的生活中訪尋材料吧。

除了瞬息萬變的生活天地，書冊也為我們打開了寫作材料的另一扇窗。隨著科技的發展，以文字或影像、音響為媒介寫就的書冊大量產生，為我們架構起繁富的資訊世界。通過閱讀，我們可以在這個世界中優遊來去，既能突破時空的範限，又能拓廣思路、開啟智慧，所以前人都非常重視書冊對寫作的助益。大詩人杜甫就曾以「讀書破萬卷，下筆如有神」，道出他個人從書冊中所獲致的啟發。

如果你讀過夏丏尊先生的〈觸發〉，可能會對文中所說的「作文須從書上去學習，這實在是大錯特錯」感到困惑。事實上，夏先生的用意，並非要我們束書不觀，只是提醒我們不要讀死書，應當重在從書中「收得其內容旨趣」，而這些內容旨趣，正是我們要在書冊中努力發掘的材料。我們隨處可見作者將書中材料寫入篇內的痕跡：如甘績瑞〈從今天起〉取用了前人「去惡，如農夫之務去草焉」、「從前種種，譬如昨日死；以後種種，譬如今日生」、「放下屠刀，立地成佛」的觀念；陳幸蕙〈碧沉西瓜〉取用了鄭板橋「原上摘瓜童子笑」的經驗。然而這些從書冊中汲取的材料，只是素材，必須加上我們情思的浸潤，才能成為佳餚。

材料固然無所不在，但如不去開採，依舊尋不著彩鑽。前文說過，好的材料是滲飽作者情思的材料，而可以寫入文章中的，正是這些充滿生命熱情的材料。因為有這樣的熱情，即使是「平淡無奇，沒什麼利用價值，還經常泛濫成災」的新店溪，也能使畢璞（周素珊）湧生「數不清的寫作靈感」（畢璞〈車過市橋〉）。那麼，我們要如何去燃燒生命的熱情，使森羅萬象的生活，源源不絕地豐潤著我們的文章呢？

讓自己常保一顆能感、能想的活潑心靈，是讓生活熱起來的要訣。我們常聽人說：文人有一顆多情敏感的心，所以能穿透表相，直指靈魂深處。因而敏銳的觀察力可說是成就好作品的重要利器。能感，是說能察覺材料的存在，也就是要我們磨利感官的知覺能力。隨著時代步調的調整、生活型態的改變，我們對環境感應的態度，往往也是速食化的，這種心態有時反倒麻木了我們感官的觸角，因而使周遭多彩的材料擦身而過。所以，想要豐實寫作的材料，最先要做的工作便是：讓感官靈敏起來。如此一來，不僅可為你蒐羅精彩豐富的材料，也會使你的生活因眼耳心手的忙碌而充實多姿。沈復在〈兒時記趣〉中不是告訴我們要細察萬物的紋理，才有機會品嘗物外之趣嗎？而所謂的細察，並不是走馬看花、概括性的觀察，而是要深入細緻的從不同角度去發現人、物的特色，如此寫入文章，才能動人。

如果你手中有一片葉子，你會從哪些方面去觀察它呢？很多人可能會說：形狀和顏色。沒錯，這兩者是容易被我們察知到的，但，是不是還有其他被忽略的地方呢？比方說葉脈的走向、葉面的觸感，或者是它散發出來的氣味。即使僅從形狀和顏色來看，除了概括性的說出它近似圓形、心形，或是深綠、淺褐之外，是不是可以更具體的加以描繪，如葉片邊緣是否完整、是否有齒狀或其他特出；而顏色部分是全葉一色，還是不同部分有深淺不同的色澤；這些都是可以透過局部特寫而在心版上鐫刻下更清晰身影的。

靜態的葉片，經過你這樣一番細察後，已會有不同的風采，更別說是枝頭上律動的樹葉。除了前述的觀察點外，或許還可以加上：光影映照時的景象、風吹動時搖曳的身影及聲響、雨水溜過的痕跡和樂音、蟲子的爬行或安眠……。試想，當一片葉子也可以有如此千變的風貌，我們的世界不是太豐富了嗎？白先勇有一段描寫腐爛菊花景致的文字，就是從生活經驗中觀察而來的：

在那一片繁花覆蓋著的下面，她赫然看見，原來許多花苞子，已經腐爛死去，有的枯黑，上面發了白霉，吊在枝椏上，像一隻隻爛饅頭；有的剛萎頓下來，花瓣都生了黃鏽一般；一些爛苞子上，斑斑點點，爬滿了菊虎，在啃囓著花心，黃濁的漿汁，不斷的從花心流淌出來。一陣風掠過，華夫人嗅到菊花的冷香中夾著一股刺鼻的花草腐爛後的腥臭，她心中微微一震。（白先勇〈遊園驚夢〉）

這段文字中有靜態的特寫畫面，也有著動態的視覺影像，同時兼含了嗅覺的描繪，作者並未使用冗繁的文字，但卻足以喚起讀者感官的甦醒。我們可以發現作者在這段文字中，具現了對菊花的色澤、生命狀態、氣味的深入觀察，使得它們儘管殘敗，卻依然給予人鮮活的印象。另外，我們也可從這段文字中得到一個訊息——儘管觀察的角度可以很多，但不妨只選取讓你感受深刻的部分，藏入你材料的寶庫中。像作者在此，雖然也看到了繁花，但用心去看的，卻是凋殘的花苞。

至於人，可以觀察的角度就更多了，不管是面貌、身材、膚色、動作、表情、聲調、穿著等，都有相當寬闊的取材空間。在美術教育的訓練中，人像素描是非常重要的基礎課程。試想一個靜止的人頭塑像，由於畫者所在的角度就可以產生各種不同的畫面，更何況是現實生活中，隨時充滿動感的人物群像呢？在每天活動的空間中，總會有一些人走近我們，讓我們仔細的去看、去聽、去嗅、甚至去觸摸，也許觸動我們的，只是一雙乞憐的眼、只是一個佝僂的身影，只是一陣幽香、或者只是軟軟的膚觸、詼諧的話語，都讓我們牢牢抓住那一刻的感覺，並妥善的收藏起來。像魯迅筆下的孔乙己就是糅雜了作者對許多相類人物的觀察後，塑造出來的典型形象：

孔乙己是站著喝酒而穿長衫的唯一的人。他身材很高大，青白臉色，皺紋間時常夾著傷痕；一部亂蓬蓬的花白鬍子，穿的雖然是長衫，可是又髒又破，似乎十多年沒有補，也沒有洗。他對人說話，總是滿口之乎者也，教人半懂不懂的。

（魯迅〈孔乙己〉）

而張曉風則在記憶中搜尋了若干片段，用來呈現「亦師亦友」的杜公。如寫他的灑脫：

杜公在學生餐廳吃飯，別的教職員拿到水淋淋的餐盤都要小心的用衛生紙擦乾，杜公不然，只把水一甩，便去盛兩大碗飯，他吃得又急又多又快，不像文人。

「擦什麼？」他說，「把溼細菌擦成乾細菌罷了！」

吃完飯，極難喝的湯他也喝：

「生理食鹽水，」他說，「好欸！」

（張曉風〈半局〉）

寫他的愛憎分明：

他另外討厭的一個人一天也穿了一身新西裝來炫耀。

「西裝倒是好，可惜裡面的不好！」

「哦，襯衫也是新買的呀！」

「我是指襯衫裡面的。」

「汗衫？」

「比汗衫更裡面的！」（同前）

觀察人時，還要留意周邊的環境變化，因為這往往和人物的活動有密不可分的關係。如白靈在〈小朱的嗩吶〉一文寫小朱吹嗩吶的情景時，透過夕陽光彩的變化，表現了時間的延展，宣示了吹奏者的專注：

> 在將近半小時中，他只停留大約十秒鐘，把吹進嗩吶的唾液甩了一次，用袖子抹了一下嘴巴，又吹將起來。那嗩吶簡直就是他向世界說話的嘴巴了。而小朱是迫不及待的。直到嗩吶長長的古銅身子由暗金轉為暗紅，直到夕陽燒紅了小朱的臉頰和小眼珠，整座天空才脫離那金屬音質的控制。（白靈〈小朱的嗩吶〉）

像烹調一樣，「能感」是在市場找到新鮮合宜的材料，「能想」則是一種獨特的調理手法，將材料變成佳餚。想是思維的運作，藉由想像、分析、推理，給予材料不同的滋味。同樣的一片葉子，在感官的探觸之後，會給予你什麼樣的感受，它形象上的特質，訴說了哪些訊息（類別、經歷……）會引發你想到哪些事物？或是喚起哪些記憶（個人經歷的或聽聞的）？而你觀察的人，給予你的整體感受如何？可否由他的言談舉止中推知他的身分、特長、性情？這樣的人會誘發你如何的聯想？試看陳幸蕙筆下奶精倒入咖啡中的變化：

奶精傾入深黑如潭的咖啡，銀匙輕輕一攪，旋起一縷白紋、一幅抽象畫之後，整個潭面隨即幻成淺棕。

（陳幸蕙〈與一名漂亮的南歐男子茶敘〉）

因為有了想像作用，使得尋常的動作也載滿詩意。而經過分析、想像的運作，袁瓊瓊在光柱中翻動的灰塵裡，感悟到一些生命的訊息：

陽光從高高的氣窗裡斜斜的射進來。一條透明的煌煌光柱，橫過房間，造成一條光的河流。灰塵在裡頭活動。細微的，幾乎有點閃亮的，灰塵，進入了光柱，然後旋舞翻攪，像什麼有生命的東西，在光柱裡儘情活動著，之後緩緩的沉下去，……一離開光柱就看不見了，但是你知道它還在，只是光沒照到它，所以看不見罷了。

（袁瓊瓊〈紅塵〉）

張曉風在前引那段杜公損人的文字後，記下了自己的感受，同時分析了原因：

> 很多人覺得他的嘴刻薄，不厚道，積不了福，我倒很喜歡他這一點，大概是因為他做的事我也想做——卻不好意思做。天下再沒有比鄉愿更討厭的人，因此，我連杜公的缺點都喜歡。
>
> （張曉風〈半局〉）

由此，我們可以明白：因為「想」的介入，使我們「感知」的材料由平面而立體，並且更容易呈現我們獨特的風格。

從書冊中挖材料，主要是透過閱讀的手段。這裡的書冊，並不一定局限在鉛字印刷的文獻，其他以圖像或音響記錄思考的創作，或是電腦裡載入的資訊，都可視作廣義的書冊。這些書冊藉由不同的形式，傳輸給我們知識（科學的、歷史的、風俗的、實用生活的）、經驗和觀念，唯有多和它們親近，才能接收到它們的電波。面對這些資料時，要儘可能博取，廣泛的將觸角伸入不同領域，拓展我們的視野。除了名家著作外，報章資料、科學常識、歷史知識，都是必須時時留心的。隨著我們積累的豐實，我們對事物的感知、判斷能力也就會更敏銳、更準確。有志於創作的同學，不妨平時養成剪報或記札記的習慣，將一些特殊的訊息剪下記下並分類整理，一旦有需要時，也不致茫然無緒。

除了博取外，閱讀時還要能夠精思。精思的目的，在於將你和材料架通網路，讓材料浸潤著你的情感和思想。像我們讀到林良的「朋友是一本本的好書」（〈父親的信〉）時，可以觸發的是：為什麼如此？這種說法有何條件限制？自己有沒有好書一般的朋友？朋友這本書要怎麼去讀？這些都是你在閱讀這段話中可能感悟到的心得，也因為經過這一番思考，這一句話對你而言就不單是文字的累積了。又如我們讀到殷穎在〈品泉〉一文中有關遠征以色列，探尋約旦河源頭的敘述時，若沒有通過精思，想像（必須以必要的地理知識為基礎）其間的艱辛，又如何能感受到他們那種難以言述的喜悅，而如果不能感受，這樣的材料就走不進我們文章的世界。

以上我們說明了平日積存材料可循的途徑，然而，在實際寫作時，要如何調用這些材料呢？一般而言，材料的揀選，是配合構思的方向而取捨的，也就是要從資料庫中調取能使中心思想具體呈現的畫面或事例。然而有時由於題目內容十分寬泛，一時無法凝鍊中心思想，則可能會反方向運作。也就是從題目自由聯想，找出若干畫面、事例、語句後，再從中凝鍊中心，剔除無關材料。整體而言，構思和取材二者常會互相激發、滲透，有時經中心思想引導而出的材料，在具體成型後，反而修正甚至改變了原有的構思方向。

從倉儲中調用材料的方法很多，常用的有聯想、推想和輻射。聯想，就是觀念的聯合，我們可以先掌握某一點概念或情意，再由此出發，把存在某種關係的事物綰合起來。這種關係可能是性質的類近，如〈汗水的啟示〉、〈第一次真好〉中所聯結起來的幾個不同畫面和經驗；也可能是性質的相反，像〈沒字的書〉就藉由「有字的書」加以聯想而導入。推想是針對描述主體或通過聯想而來的內容進行推衍設想，在這裡所調用的材料往往是觀念性的，就像〈溪頭的竹子〉在描述了一群青竹向上攀升的畫面後，推想出「溪頭的竹子有意跑到這片山野來製造風景」、「溪頭的竹子是風景中的風景」。而〈鳥〉在聯想到人們「提籠架鳥」的畫面後，則推想到「牠的苦悶，大概僅次於黏在膠紙上的蒼蠅；牠的快樂，大概僅優於在標本室裡住著罷？」至於輻射，乍看之下與聯想類似，但聯想是透過一種情意或概念誘發材料；而輻射則是針對描述主體做多角度的剖析。如探討某個問題時，分別從歷史、文化、政治等方向切入；或是描述某個地方時，分別從地理位置、民情風俗、特殊景觀等處著手。

上述三種都是調用材料的基本方法，在寫作時往往會糅雜使用。至於調用材料的原則，最基本的要求是：切合中心思想。材料的作用在於落實中心思想，因此，如果材料與文章中心無法密合，讀者將很難從閱讀中尋思作者企圖呈現的意念。所以，凡是不符合中心思想的材料，不管它本身如何生動，也要割捨不用。除了符合中心思想外，我們還可以參考下列原則，選取材料。

首先是材料本身表現力的強弱。在一切能表達中心思想的材料中，我們要儘量選擇最具表現力或最典型的部分，以便凸顯主題。像表現父母深愛的材料，可說是取用不盡，但這些材料中，哪一個的情感力度最強、或前後轉折的曲度最大，就是可以作為進一步篩選的依據。至於像是敘寫人物、申論事理時，也不妨找出最能突出人物形象的事件或是在眾多可資引證的材料中，找出最具權威性的語句和最能彰顯論點的事例。

其次是材料的新鮮度。有時候，最典型的材料往往會因為太多人運用而失去了新鮮度，減少了個人的創意。像是寫改過遷善的可貴，許多人立即映入腦海的便是「周處除三害」的例子，這個例子本身極具戲劇性，又是眾人耳熟能詳的事跡，的確符合前述典型而具表現力的要求。但除非我們在表現手法或詮釋角度上能有所突破，否則便極易流於板滯。這時，可能它的表現效果還不如從自己生活中觀察到的平凡事例。當然，如果你的材料寶庫中還藏有現代社會中同樣具有啟示作用的不平凡事例，也別忘了給它們一個露臉的機會。像死刑犯劉煥榮入獄後幡然悔悟，潛心修佛習畫，在槍決前，義賣其所有畫作，以資助雛妓救援工作；並透過媒體，以自身經驗為例諄諄勸誡青少年切勿逞凶鬥狠，就是一個可以取代周處的好材料。

最後是材料的真實度。本來，文學創作是容許虛構的，但是這些虛構事件，也必須要有現實世界中的真實經驗做基礎再加以改造。同學們由於寫作的訓練不夠充分，虛構材料有時不一定能合情入理，所以在習作階段最好還是先從生活中汲取真實的材料，奠定良好的基礎。特別是議論性的文字，在引證時更要力求真實。

斟酌上述三個原則後，如果被留下的材料仍然太多，那麼，你就再仔細尋思這些材料，哪些是讓你深有所感的，哪些是讀者可能較無機緣接觸的，從中揀擇你收入文章的內容。

最後附帶要說明的是材料本身往往具有多角度的視點，就像烹調一條魚，除了清蒸外，還可油煎、酥炸、醋溜、紅燒……。以「龜兔賽跑」這個故事為例，一般在引述時，重點往往擺在龜的持久不懈，但它事實上也可用來警惕那些驕矜自滿的人。而前述劉煥榮的例子，也可以證成宗教、藝術對人心的穩定力量，或是用以強調付出愛心永遠不嫌遲。所以，同樣一個原始材料，由於視點的不同，在文章中出現的面貌也就風姿各異。而這種無限可能的變化，使材料永遠享有新生命。

筆記欄

第5話 構思

構思是實際寫作前的沙盤推演，無論是中心思想及衍生意念的提鍊，或取材角度及使用體裁的決定，都在這個階段初步定案。因此，構思是決定文章是否成功的關鍵。

同學們可能會發現老師講解課文時，往往會引領大家探尋全文的中心思想（主旨），並分析各段文字透過哪些材料或哪些意念去推闡、驗證主旨，而各個段落之間又以怎樣的方式聯絡呼應。這些費力的引導，其實正是在嘗試還原作者構思的歷程，從而領會他們經營的苦心。

而以我們的寫作經驗來看，除非是文思泉湧，下筆不能自已，一般而言，在實際寫作前，我們總會經過擬訂大綱這個過程，而構思正是這個過程的主要工作。

面對相同的題目或材料，如果構思的方向不同，就會有相異的內容旨趣，呈現不同的風格。如「水」這個題目，可能會觸發你想到的層面很多，你可以從它的吸納包容處著眼，看它如何淨除人間汙垢而期許自己也有同樣的宏願與能力；你也可以從它的組成來探討宇宙人生耐尋味的課題（兩種原本最容易幫助燃燒的氣體——氫和氧，結合後反倒成了滅火的重要力量）；你也可以從水是生命之源立說，探尋文明興起與水流的關係……，真可謂千姿百態，處處生妍。

構思最重要的是確立中心思想。在思索的過程中，我們不妨問自己幾個問題——我的目的是什麼？（是說服、說明、分享……）我想要傳達的這些信息中，哪些是我感受較深、受惠較多的？哪些又是可能對讀者較有意義的？如果是命題作文，在問前述問題前，你要確定：㈠題目在體裁上是否有所限定，像「談健康的休閒生活」顯然就不適合抒情，而「最想念的人」要以論說的方式來寫，如果沒有極高的駕馭能力，必然會一敗塗地（此題可以說明的方式，用平行的架構寫出最想念的人具有的特質）。㈡題目在選材上有無範限，像「一句話的啟示」指明是「一」句話，你就不可東拉西扯地選了很多句；如「初夏的庭院」鎖定「初夏」，敘寫內容就不該出現不合時令的現象。㈢題目的關鍵重點何在，像「一場及時雨」這題目，不管你寫的是實景或取譬，都不能忽略「及時」的關鍵作用。㈣題目有哪些角度可延伸或挖掘。題目若是「當國旗升起的時候」，除了每天校園中例行的升旗儀式外，你還會想到哪些畫面，是我們的棒球隊在異域揚威時驕傲升起的滿地紅？或風雨飄搖中元旦總統府前萬人升旗的堅定？不同的場景，相同的升旗，傳達給我們的，又是哪些訊息？別忽略這些訊息，它們正是使文章具有深度，且展現個人風格的重要媒介。經過以上一番探問分析的工夫後，相信你對自己所要進行的寫作，已形成了初步的輪廓。

自由創作和命題寫作二者由於性質的差異，在寫作中心的提鍊上，便有不同的著力處。自由創作時，我們心裡並沒有一個明確的題目，有的可能只是一個概念、一分感受、一個影像……，這些往往就是我們要傳達的中心思想，或寄寓中心思想的媒介。因此在構思時，我們先要儘可能將觸發寫作動機的原始素材發掘出來加以記錄，並記下我們最初的想法。像陳之藩〈失根的蘭花〉中，有異鄉遊子的飄泊情懷，而這情懷是被一次賞花的邀約所引發的。他記下了這次邀約，和見到種子來自中國的牡丹、雪球和丁香時的想法：這些花不該出現在這裡。記錄原始素材的目的，是希望能將中心思想更清晰、更具體的提鍊出來。然而這個原始素材在實際寫作時，有時改換了包裝，有時則可能潛隱了身影。像宋晶宜筆下的〈雅量〉是以一塊綠底白方格的衣料作為馳騁文思的起點，但原始素材卻是她大學畢業後的一次同學聚會。在那次聚會中，「有人罵上司，有人批評同事，運氣好的勸人，運氣不好的被人勸，場面甚是熱鬧」，這個場景使作者產生了「人有千千百百種」的想法（見宋晶宜〈我為什麼寫「雅量」〉）。

中心思想就是在這最初想法的基礎上加工而成的。陳之藩覺得那些花不該在美國出現，「它們的背景，應該是來今雨軒，應該是諧趣園，應該是故宮石階，或亭閣的柵欄」，由此開展，他得出了「離開國土一步，即到處不可為家」的中心思想。宋晶宜在察覺人之不同後，發現他們的差異「和個人的性格與生活環境有關」，最後提鍊出「人與人之間應該有彼此容忍和尊重對方看法與觀點的雅量」作為中心思想。

至於命題作文在提鍊中心思想的過程上，則必須嚴格遵守「就題生情」的原則。拿到題目後，我們可以先做自由聯想，聯想時必須不放過題文中的任何一個字。如果是論說性質的題目，首先要儘量在題目中找尋立論點。有時題目本身即是論點，只需加以推闡，不需另行提鍊，如「處處留心皆學問」。面對這一類的題目，我們先要分析它所包含的內容要素，以這個題目來說，涉及了「處處」、「留心」、「學問」三個要素；其次，則是要探究這些要素間的關係，以此題而言，「留心」和「學問」間存在著條件的關係，而「處處」則包含著空間的拓展和時間的持續。有時題目只提供論述的對象，論點就必須靠自己提鍊，像「充實的一天」、「早起」、「泥土」。面對這一類題目，我們可以先針對題目回答「是什麼」（包含性質、發展歷史）、「為什麼」、「應該怎麼樣」，再嘗試從這些答案中進行分析、演繹和歸納。像「充實的一天」、「泥土」這類的題目，比較偏重「是什麼」的分析，而由於你看待的方式不同，所歸結出來的立論點也就自然有別。如果你眼中充實的一天是可以看花、聽風、踏浪、品泉的一天，或許你論述的重點是「在自然的懷抱中重尋人的存在」；如果你眼中充實的一天是享受汗水恣肆、筋骨痠疼的忙碌，或許你想要表達的是「充實是藉由血汗付出而砌築的」；如果你眼中充實的一天是可以自己隨心上彩的畫布，那麼，也許你要說的是「充實來自於自我作主，自我負責」。而像「早起」這樣的題目，則比較偏重「為什麼」或「該如何」。你可談到為什麼要早起，早起有什麼好處，早起有什麼樣新鮮的感受，早起之後該做些什麼安排？同樣地，隨著你觸及的內容不同，文章的立論點也就有相異的面貌。至於並列型的題目，如「淚與笑」、「遠大的眼光，踏實的腳步」，則一定要深思二者間的關係是因果（如「耕耘與收穫」）、相等（如「學問與道德」）、對立（如「享福與吃苦」）或區別（如「自由與放縱」）。之所以要深思，是因為有些時候二者之間的關係十分複雜。以「淚與笑」為例，看似對立，但是「沒有流淚播種，哪能歡呼收割」，於是二者間又有了因果關係；而「遠大的眼光，踏實的腳步」看相等關係，實則二者間又互為因果，如果在審題時，沒有將這些意緒玩味出來，可能就不易在寫作時有較特出的論點被提鍊而出。

除了從題目找論點外，論說性質的題目，還可從你聯想到的材料中找論點。像「路」這個題目，如果你住在大都市，可能映入你眼前的，是紊亂不知所從的交叉路口，那麼，這個材料可能會讓你往「謹慎做每一個選擇」的方向立論；如果走進你腦海的是「青天有路志為梯」、「路是人走出來的」等文句，相信你立論的重點必然迥異於前。

至於抒情記敘類的題目，首先也需要辨明題意。如「自畫像」和「我的小史」，雖然內容都是以介紹自己為重心，但一個偏重在橫面的剖析，一個卻必須以成長歷程做串聯。認清題意後，建議你就題意展開自由聯想，並用簡潔的文句，將腦海中浮現的片段的、零星的意念記載下來，然後將這些點加以強化、擴大，使它成為較完整的「線」般的成組觀念，再就這些成組觀念進行刪選（可就印象感受的深淺或和其他資料相關性的強弱加以考量），找出可以聯貫全部觀念的中心。例如題目是「傘」，你可以從傘的形式、功能、花色……等不同角度加以聯想，而有下面幾個點：①雨中；②豔陽下；③荷葉；④老樹的濃蔭；⑤許仙與白蛇；⑥早期歐美仕女的裝扮；⑦海灘；⑧歌曲「一支小雨傘」；⑨美濃；⑩旋轉的傘花；⑪保障（五百萬）；⑫傘帽。上面這些點中②④⑥⑦之間的相關性較強，在意念上比較集中在傘的遮陽功能，但雖然重點相類，卻都還有各自延伸的空間，如從豔陽下的撐傘，可聯想到許多烈日下辛勤勞苦而無遮蔽的工作群像（如執勤的員警、挖路的工人）、可推及到紫外線對人體的傷害（為此，許多遮陽傘設計了防紫外線的功能）；而歐美仕女手執蕾絲花傘的典型形象，同時也是一種社會地位的象徵；而海灘上撐起的傘花，除了遮陽功能外，似乎也宣示了某個領域的使用權。⑤和⑧記錄了傘下的有情天地，告訴你我：一把及時撐起的傘，可以寫下許多故事。而你自己是否也曾有過「渡人」或「被渡」的經驗？那生命中無數次共執一傘的情懷（和父母、兄弟、朋友、陌生人）又是如何？還有那獨特的美濃油紙傘呢？那一把把純手工、純天然的傘，除了遮陽蔽雨外，是不是還有一分漸被遺忘的歷史情懷？至於傘帽，常在運動場中出現，除了方便遮陽外，還可在精心的設計下，形成一幅幅圖畫。那麼，這樣的現象，又提供了哪些訊息呢？經過這樣一番馳騁後，相信在你心靈的地圖上應會出現幾座較明顯的地標。以前述那些延伸出的觀念而言，可形成下面幾組觀念：①傘具有遮蔽的功能，使我們得到庇護和保障；②傘撐起了人間的有情天地；③每一把傘都是一個美麗新世界，而成群的傘所形成的花海，流盪著千百種不可預知的圖案，將使世界更充滿令人驚豔的期待；④傘訴說了歷史的軌跡，為不同的時代和地域留下註腳。經過一番思量後，或許我們可以嘗試用「傘下的天地，是有情的天地」做中心思想，將前述幾組觀念加以聯貫。

如果題目是「上學途中」，你可以想到的內容大概是：①交通工具；②習慣路線；③

特殊路線；④不同路線中經過的店家、建築；⑤行進中的動作；⑥行進中常見的景象；⑦印象深刻的幾次經驗；⑧印象深刻的人，這些初步的內容。每一點都可能延伸出相當的篇幅或與其他點相互發生。如交通工具，你可能是步行、坐公車或由父母載送，不同的工具在使用時就會產生相異的情趣。坐公車上學，你不免有等車的情形，等車的心情如何？追車的情形呢？等車時你都做些什麼呢？吃早點、背單字、還是觀察身旁的眾生相？車廂內又有些什麼活動？公車的路線怎麼走的，會經過哪些地方？在哪些站可能有你認識的人上車？有沒有塞車或車子拋錨的經驗？車窗外的風景，四季有何差異？司機先生的駕駛技術和服務態度如何？車上的人們如何安排這段時間？步行當然可能是另一種滋味。由於步調由你控制，視野也較開闊，對身旁的變化因而也可能較敏感。馬路兩旁的稻田或是路樹，它們四季歌唱了哪些不同的曲調？沿途的工廠有沒有變化？常經過的人家，上映了哪些相同或相異的劇情？哪些商店你曾駐足，留下了什麼印象？經過一番搜索，你足下的行跡，將會重新一點點烙印在心版上。接下來，你可能要斟酌的是取某次（或相類的某幾次）經驗為主軸，全力鋪寫；還是選幾個不同層面，平面展開你的旅程。取決的關鍵在於你要集中焦點敘寫的材料是否夠突出？或者你對這些經驗的感受是否夠特殊？如果答案是否定的，那麼，就不宜做放大特寫的處理。如果你採取平面展開的方式，就要進一步思索這些不同片段的資料中，可以理出什麼樣的線索，作為提起全文的中心。或許你感到興味的是「同中有異」的多姿；或許你在這段行程中學會了有效運用時間；也或許你體會了「處處留心皆學問」的道理，不管是什麼，一旦你選定了其一，就要懂得割捨其他不能收納的材料。

由前面的分析中，我們可以知道：命題作文在中心思想的提鍊方面，有兩個基本的原則：一是「窄題寬作，寬題窄作」。也就是當題目的內容限定很嚴時，要儘可能放寬視野以突破限制，如「讀書甘苦談」，限定在甘苦上，那麼，其間有哪些甘、哪些苦、甘苦之間有無因果關係、如何化苦為甘；而當題目寬泛時，則宜集中火力凸顯目標，如「成功」，可自成功的條件、成功的價值、成功的喜悅……等角度立論，但如果想要面面俱到，結果往往如蜻蜓點水，難以深入，因而不如取較有把握或感觸較深者進行單點突破。二是化實為虛，轉虛為實。實是指具體，虛則指抽象。也就是當題目是具體事物時，要將之做抽象的提升（讓它承載情感，或作為某種理念的傳述者），如將人間情分和護翼力量寄託給「傘」；而題目是抽象意念時，要藉由具體形象或事例以落實，如以親近大自然的經驗體現「充實」。

在我們提鍊中心思想時，有時心中會同時湧現許多意念，那麼，該如何抉擇呢？首先，你必須考慮的是相應材料的多寡，畢竟中心思想只是骨架，如果沒有血肉加以豐實，生命還是枯乾的。如果材料的呼應不成問題，那麼，我們要考量的是：如何才能使讀者有所得，並在此見出你獨有的特色。具體地說便是要在你筆下寫出好的見解、真的情感或新的感受。所謂好的見解，首先自然是指這種看法目的在導人向善，開啟人生的光明面，而不是濫用文字的感染力，推闡邪說、蠱惑人心。進一步探究，則要求能切合需要，撫慰人心、激盪思考或解決困頓。這考驗著作者是否能站在高點以破除迷惘；是否能站在彼端以破除偏執。然而，這樣的見解，必須奠基於平日的好學深思。像「運動」這個話題，一般人想到的可能都是它強身健體的效果，而羅家倫卻能從運動所陶育的「君子之爭」著眼，寫下了〈運動家的風度〉。閱讀這類文章，無疑可使我們的心思隨而擴展。

所謂真的情感，則是要求我們筆下所寫的是切身有感覺的事物。如果缺乏一分內心深處的觸動，寫出的文字便可能只是材料的拼湊。然而，當我們以深情的眼眸與這世界相遇，即使是尋常花草，一樣也能炫麗成春。如陳幸蕙的〈碧沉西瓜〉寫的是人人熟悉的西瓜，但因為作者藉由它串起了「一名以中國為文化母源的臺灣青年，對本土、對美麗之島、對這安身立命的田園世界由衷眷愛的情感」（陳幸蕙〈夏日有約——重讀「碧沉西瓜」〉），使得生長在同一方土地上的讀者，對鄉土田園產生了一分疼惜愛護的情感。

所謂新的感受，是指在文字中並不刻意傳達某些理念或透露明顯情感，但卻提供了看待事物的特殊經驗，給予讀者新異的美感。如張騰蛟〈溪頭的竹子〉瞄準了竹子在溪頭創造的罕見姿態，引領我們一起欣賞它們挺拔競高的風姿；又如朱自清的〈春〉，將春天的形象予以活化，使我們隨著它文字的韻律，感受到和諧溫潤的美。

其實，不管是「好的見解」、「真的情感」、「新的感受」，都是要我們在文章中留下自己的身影，讓自己透過寫作的過程，展現與再造自己的生命。

提鍊出中心思想後，如何安置、表現它，也是構思過程中必須加以規劃的。一般而言，中心思想出現的位置，不外下列四種：篇首、篇中、篇末、篇外，這些形式並無優劣之分，你可考量效果自由選用。中心出現在篇首，是最具引導作用的，寫作的方法是先總括主旨，再分段陳述以呼應、落實。像梁實秋的〈鳥〉，篇首即以「我愛鳥」一句提起全篇情緒的主軸，之後各段分寫鳥的苦悶、啼鳴、身形，藉以具體傳達作者對鳥的疼惜與愛賞。又如廖枝春的〈談興趣〉，篇首開宗明義地點出了「興趣是一切工作成功的先決條件」，然後再分別從小孩玩玩具、大人成事、為學等方面，論述興趣與成功的相關性，最後鼓勵大家主動發掘興趣以創造成功。

中心出現在篇中的情形較少，通常都是用插敘的方式在篇中做補充說明。如陳源的

〈哀思〉，全篇藉抒寫作者目送國父出殯過程中的感懷，記錄中國近代政治史上不凡人物的偉大人格。文章先交代事件的起因，並藉送葬人數之眾，暗伏下「不凡」、「偉大」的主線。文中插敘兩段文字，寫冬烘先生與吳稚暉先生口中的國父，直接點明「不凡」與「偉大」。接著又利用倒敘的四段文字寫個人的親身經歷，仍舊緊扣著「不凡」、「偉大」的中心思想。

中心出現在篇末，具有收束的作用，由於在文章末端形成高潮，很能激盪讀者的情思。這種形式往往是先分段敘議，至篇末再歸結主旨。如謝冰瑩〈盧溝橋的獅子〉一文，先敘述盧溝橋的位置及作者往遊的過程，再細寫橋上的獅子，藉其工程之偉大、雕刻之細緻，呈顯歷史的光榮，用以強化其身為抗戰聖地的光燦。而後作者抒寫自己站在橋上的所見所聞，從而激盪出「緬懷前賢、繼往開來」的中心思想，使讀者透過這分歷史感懷，反思個人的使命。

有時，作者在文中只傳述了一個事件或是一個人物，並沒有直接點明意旨，讀者必須在仔細翫味後，才能有所體得。這種將中心思想置於篇外的手法，最為含蓄蘊藉。像朱企霞的〈孤雁〉，記敘一隻失偶的雁鳥替雁群守夜的事。在這個故事中，我們看到了雁群的「自以為是」、「驕橫」，看到孤雁的「盡忠職守」、「隱忍」，都會有某種程度的自省，而在看到雁群最後的下場，應該不難明白作者企圖透露的「居安思危、互助互信」訊息。

中心出現的位置，和我們導引它出現的表達方式，彼此之間也要相互配合。在決定表達方式之前，先要決定採用何種文體，確定了文體後，再考量不同文體的特色，設計表達方式。不過，在構思過程中，我們著手的只是草圖的設計，也就是只搭起大的框架，至於內部細微的經營設計，則有待布局、謀篇時費心思量。表達中心思想的方式千變萬化，純任作者的巧思。以論說體為例，我們常用的方式是「開門見山」直陳題意，但有時「託物起興」也是很好的方式，如劉墉〈你自己決定吧〉、宋晶宜〈雅量〉都是以這種方法寫成的；而「借物為喻」的寫法，也很能展現作者的才情，減低讀者對論述的拒斥，張曉風的〈行道樹〉就是一篇成功的例子；至於「反面逼題」的寫法，則常讓讀者在錯愕之中猛然醒覺，如主旨在論儉的重要，但行文卻自「奢」入手，暢言奢之為害，一翻而證成「儉」之可貴。抒情文較常用的手法則是「即景生情」，無論是朱自清的〈背影〉、謝冰瑩的〈盧溝橋的獅子〉或陳之藩〈失根的蘭花〉，都是即眼前之景而宣發中心思想的，至於記敘類的文字，則可從不同人稱和正寫、側寫等方式進行規劃。如陳源〈哀思〉以第一人稱敘寫，而在表現孫中山之偉大人格時，鮮少正面著筆，多從他人的態度側寫其特殊的魅力。而蘇梅〈禿的梧桐〉則以第三人稱敘寫，從反面著筆，極寫梧桐的凋殘，逼顯其不撓的意志。

從前面的分析中，我們知道：無論是意念的提出或形式的安排，構思都是個人自由意志運作的結果。也正因為如此，每一篇文章都是一個獨特的生命。

第6話 布局

布局即是安排文章的結構。開始下筆寫作以前，先要草擬大綱，安排全文的結構、層次，使整篇文章條理分明、架構嚴謹、首尾呼應，這就是「布局」。

築屋構廈，先要設計藍圖；弈棋競勝，先要想好攻防策略；守城衛戍，先要布陣妥當，所謂：「運籌策於帷幄之中，決勝負於千里之外」，文章的成敗得失，和作者是否懂得布局，具有非常密切的關係。

劉勰《文心雕龍》中有一段話，論及文章布局結構的要領：

章句在篇，如繭之抽緒，原始要終，體必鱗次。啟行之辭，逆萌中篇之意；絕筆之言，追媵前句之旨；故能外文綺交，內義脈注，跗萼相銜，首尾一體。

（劉勰《文心雕龍・附會》）

意思是說：文章的字句段落，在全架構中的位置，如同抽絲剝繭一般，既要掌握開頭端緒，又要注意全文收束，使整篇文章從頭到尾，像魚身上的鱗片，首尾相接，結構緊密。具體地說：文章開頭，要預先埋伏線索（即所謂「伏筆」），暗示中段的文意；文章結尾，要追溯過脈，回應前文的要旨。如此一來，整篇文章外在的文辭綺麗交錯，內在的情思脈絡貫注，好比美麗的花朵，花瓣承接花萼，花萼承接花托，彼此密切相銜，前後連貫，結合成一個嚴密的整體。

劉勰所談布局的要領，可歸納為兩項：一是緊密銜接，二是首尾呼應。

銜接是指各段之間的相承關係，如同蠶絲一層接著一層，如同魚鱗一片接著一片，文章也是一樣，一個段落銜接一個段落，第一段引出第二段，第二段引出第三段……，如果中間不能緊密銜接，就好比鱗片脫落、絲繭斷線，使會破壞文章的整體性。

以梁啟超的〈最苦與最樂〉為例。由於「最苦」與「最樂」是兩個看似相反，實則相成的概念，所以作者先兵分兩路，從正反兩面談苦樂的真諦，再由苦說樂，申明「苦中之樂」才是真樂。且看文中各段落的銜接。第一段：

人生什麼事最苦呢？貧嗎？不是。失意嗎？不是。老嗎？死嗎？都不是。我說人生最苦的事，莫若身上背著一種未了的責任。……因為受那良心責備不過，要逃躲也沒處逃躲呀！

（梁啟超〈最苦與最樂〉）

指出作者所認為最苦的事是責任未了，受良心責備。第二段承接第一段的意思，而更進一步發揮，「一生應盡的責任沒有盡，便死也帶著苦痛往墳墓裡去。這種苦痛比不得普通的貧困老死，可以達觀排解得來。」這樣的苦，當然是最重不過了。第三段則掉轉方向，反面相接：

翻過來看，什麼事最快樂呢？自然責任完了，算是人生第一件樂事。古語說得好：「如釋重負」；……孔子所以說：「無入而不自得」，正是這種作用。

（同前）

責任未了「最苦」，責任完了自然是「最樂」了。第四段基本上延續第三段的文意，但又製造一層波瀾：

然則為什麼孟子又說：「君子有終身之憂」呢？因為越是聖賢豪傑，他負的責任越是重大；……他日日在那裡盡責任，便日日在那裡得苦中真樂，所以他到底還是樂，不是苦呀！

（同前）

說明君子的憂，其實是苦中真樂，正因為他的責任愈重大，所以獲致的快樂也就愈刻骨銘心。這層意思，已將「最苦」與「最樂」的關係勾連起來，為結尾作好準備，因此，末段（第五段）強調：「盡得大的責任，就得大快樂；盡得小的責任，就得小快樂。你若是要逃躲，反而是自投苦海，永遠不能解除了。」便顯得水到渠成，理所當然。總括來說，文章第一、二段，第三、四段間為順承，第二、三段間為逆接，第五段收束作結，如同一列車廂緊接相連的火車。

呼應即是各段的前後照應。古人常把文章照應技巧，比擬為擊常山之蛇，擊首則尾應，擊尾則首應，擊中則首尾皆應。讀《史記》的人都知道司馬遷最善於運用伏筆與呼應的寫法，例如〈項羽本紀〉開頭寫項梁項羽初起義時，率領吳中八千子弟渡江而西，與群雄逐鹿中原。經過四年征戰，破秦立楚，項羽自號西楚霸王，勢力達到頂峰；又經四年楚漢相爭，兵疲食盡，節節敗退，被圍於垓下。烏江亭長請他上船，項羽想起當年八千子弟，如今無一人生還，無顏見江東父老，因此自刎而死。這「八千子弟」前後呼應，形成全文開啟與闔閉的徵兆，分別代表項羽事功的開始與結束，的確具有滄海回瀾的大魄力。

張曉風的〈行道樹〉，文雖不長，卻很注意前後呼應。文章的第一段和最後一段分別是這麼寫的：

> 我們是一列樹，立在城市的飛塵裡。（第一段）
>
> 立在城市的飛塵裡，我們是一列憂愁而又快樂的樹。（最後一段）
>
> （張曉風《行道樹》）

首尾兩段都是由兩句組成，兩句的文意大致相同，這就形成前呼後應的效果。其次，首尾兩段的兩句順序相反，遙遙形成迴文；再次，末段在首段的基礎上，加了「憂愁而又快樂」，而行道樹的快樂與憂愁正是中間四段抒寫的重點，因此第一段只從表面現象說，最後一段則總結行道樹的心情，具有由外而內的層次感。總之，首段與末段在複沓中有層次、變化、迴旋之美，不只是單純的呼應而已，從這裡可以充分看出作者的靈慧巧思。

《文心雕龍》中說：「貫一為拯亂之藥」，要使文章材料雖多而不雜亂，思緒雖繁而一本於主旨，如此一來，全文綱舉目張，有條不紊，從開頭到結尾，照顧周密，前後相應，形式與內容，表裡一致，完美配合。換句話說，如果能把握「銜接」和「呼應」的兩大要領，那麼，安排文章布局將不是一件難事。

第7話 謀篇

謀篇就是規劃篇章，它是實際安排「布局」前的醞釀階段。

文學作品在提筆寫作時，是積字而為句，積句而為章，積章而成篇；而在臨文染翰前，則必須先對篇章作整體的規劃，這個規劃、構思的過程是非常耗費精神的，文學史上，像司馬相如「含筆而腐毫」，揚雄「輟翰而驚夢」，大概跟苦於謀篇有很大的關係吧！

當我們受到外在景物、事件的觸發，有感於心而漸漸由混雜的思慮、情感，轉化為明確的主題，而有不吐不快的意念時，這時便須面對「謀篇」的問題。因此，謀篇之時，先要做到心境虛明寧靜；而謀篇的功力，則來自日常生活累積的才學識見，劉勰在《文心雕龍》中說：

陶鈞文思，貴在虛靜，疏瀹五臟，澡雪精神；積學以儲寶，酌理以富才，研閱以窮照，馴致以繹辭。……此蓋馭文之首術，謀篇之大端也。

（劉勰《文心雕龍．神思》）

可見要寫好文章，平常要不斷充「實」：積學儲寶、酌理富才、研閱窮照；謀篇時則要掃除煩擾，做到「虛」靜，這樣，才能吐納萬端、涵融百態，從大處著眼，使文章臻於「一氣呵成」、「篇體光華」的境界。

具體來說，「謀篇」應考慮下列兩點：

一、用什麼文體來寫？

中國自古以來就有「文體分類」的觀念，不同的文體有不同的用途，也各有不同的風格要求，例如「史傳」用來記載歷史人物，以作為「表徵盛衰，殷鑑興廢」的參考，而寫作史傳之文，最重要的是要秉持「務信棄奇」的原則；又如「銘」「箴」，是題刻於器物以規過、警戒的文體，風格貴在弘潤，行文要求簡捷。如果不能辨明各種文體的寫作特色，便容易淪為「失體成怪」。

古代的文體分類過於繁雜，而且許多文體現代已經不切實用，因此，現代一般將文體分詩歌、散文、小說、戲劇等四大類，再由四大類進一步作次級分類，如新詩可分小詩、短詩、中型詩、長詩，散文可分記敘文、論說文、抒情文、應用文，小說可分極短篇、短篇、中篇、長篇等，戲劇又有舞臺劇、單元劇、連續劇、獨幕劇等。就一個中學生而言，寫作小說和戲劇的機會不多，而以散文為主，新詩為輔。所以，當「心有所感」，準備進行謀篇時，便必須考慮用何種文體來表情達意？是用新詩呢？還是用散文？要敘述、議論、抒情，抑或兼用多種文體？有時，作家為了拉近與讀者的距離，便採用書信文體來論說，例如夏丏尊的《文心》，楊牧的《一首詩的完成》，都是從這個角度來謀篇。於是，原本可能相當枯燥的寫作理論，轉化為促膝而談式的經驗交流，便容易為讀者所接受。

不同的寫作目的，不同的思想情感，適合用不同的文體來表達，因此，謀篇之初，便是要辨明目的與情志，使文章能「合體」。否則，如果把「仁者無敵」這類原本應論說的題目，寫成軟綿綿的抒情文；或是把「常懷感謝心」這類柔性的題目，寫成硬梆梆的論說文，豈不是大煞風景嗎？

二、要分幾個章節段落？

文章有長有短，如果是數千字以上的長篇，就必須考慮分章分節；如果是千字以內的短文，則只須區分段落。文章的章節段落分得太少太粗，固然會顯得含混籠統；分得太多太細，也會產生支離破碎的弊病。一般說來，長篇論文以分五至七章，每章三至五節為宜；短篇文章以分四至六段為宜。

章節段落的多寡，取決於謀篇的實際需要。舉例來說，潘公弼的〈報紙的言論〉採用條列的方式，舉出輿論健全的條件是：一、動機純潔，二、識見卓越，三、文才暢達，四、膽氣橫溢。這四段構成文章的主體，加上前面的開頭和後面的結論，那麼全篇至少便須分成六段；劉蓉的〈習慣說〉，由「起、承、轉、合」構成，全文自然分為四段；李文炤的〈儉訓〉則為「起、論、結」的方式，因而分為三段。至於記敘文和抒情文，所分的段落通常較論說文為多，如陳之藩的〈謝天〉，便分為九段。不過，徐志摩倒是個分段頗為儉省的作家，如〈我所知道的康橋〉，文章甚長，卻只分成四段。

劉勰說：「裁文匠筆，篇有小大；離章合句，調有緩急；隨變適會，莫見定準。」

《文心雕龍・章句》指出文章篇幅有大小長短，音節有快慢緩急，這需要作者巧運心思、融會變化，而沒有一定的準則。例如，同樣以「橋」為題，或許某甲有三天優裕的時間可以寫作，某乙則必須一小時內交卷，那麼他們謀篇的格局自然有所不同，換句話說，掌握謀篇的原則之外，還要能因時因地制宜，才不致造成「千篇一律」的毛病。

建築師在設計房子的結構以前，首先必須先考慮蓋這棟房子是要當什麼用途？是住宅呢？旅館呢？或是百貨公司呢？不同的用途決定不同的設計取向。其次，他必須勘察地形，了解建地的方位、廣狹、坡度、預定樓層的高低，綜合這種種條件與限制，才能設計出最堅固、美觀而實用的房子。同樣的，作者在下筆之前，也要先弄清寫作的對象與目的，對文體類別、篇幅長短等相關問題預作規劃，正確掌握了全局與大體，才能進而談布局結構等問題。

筆記欄

第8話 立題

題目是一篇文章最先與讀者眼眸相遇的部分。從題目的擬訂，可以看出作者的匠心有多高。

以我們的閱讀經驗而言，一篇文章的題目，往往是讀者決定是否閱讀的重要指標。就像菜單上具有創意的菜名（金鑲白玉——炸臭豆腐）挑動著我們的胃，精彩的文題也誘惑讀者的眼、讀者的心。那麼，我們又怎能不謹慎費心地為自己嘔心瀝血而出的文字，穿上一件會倍增其亮麗的彩衣呢？

一般而言，題目從預擬到確立是要經過一段相當歷程的。在從事創作之前，我們心中會先有一個初步的題目，藉以引導寫作的進行。在寫作的過程中或文章完成後，我們往往會配合文字的內容一再修改。之所以要如此費心斟酌，主要是因為題目並非文章的名字，只是為了稱呼引用方便，是否有意義，是否有巧思，無須計較。

題目可說是一篇文章的縮影，負有揭示主題、承載文章內容、透露文意情趣的任務。故而題目的擬訂，對寫作者的歸納能力是一大考驗。要培養這種能力，除了廣泛閱讀名家之作，仔細尋思他們在立題上的用心外，也不妨玩味報章上新聞標題的設計或廣告商品、戲劇影片等在名稱上的創意。

一個好的文題，大致需要符合下列幾個原則：

一、切意

所謂「文因題生，題因文成」，題目的根本要求便是能與內容主旨緊密結合，否則「掛羊頭賣狗肉」，就不免有欺瞞之嫌。比方說文章內容重在陳述鄉村人口外流，耕作人口老化，間或點染幾筆農村悠閒的圖景，如果將題目定為「鄉居情趣」，似乎就搔不著癢處；又比如文章僅敘及老鐘的形狀、聲響、來歷……，並未特別敘寫作者與它之間的關係時，若以「老鐘與我」為題目，和文章內容間的呼應也不夠緊密。這兩個題目之所以不夠切意，主要是沒有認清文章的取材角度。散文的特色是擷取人生的「片面」，而非鉅細靡遺的陳述。像「父親」這類的題材，可以選取的角度相當多——父親的職業、性格、教育子女的態度、呵護子女的心意……等，如果我們泛泛寫來，每一點都略著筆墨，那麼以

「我的父親」為題，便還算允當；但如果全篇著眼於父親的教誨，而同樣以「我的父親」為題，便顯得太過率性而無法適切彰顯文意。因為題目具有指標的作用，如果指涉的範圍太寬泛，便會減弱它的引導效用，而且也不易呈現個人的風格。

二、凝鍊

所謂「凝鍊」是要求文題要以最經濟的文字傳達意念。這並不意謂長的題目就不是好的文題——只要它長得恰如其分，沒有駢枝贅疣。相對的，文字少到不能充分達意，也絕不是成功的嘗試。真正的凝鍊應是：增一分則太肥，減一分則太瘦的。像林清玄〈路上撿到一粒貝殼〉寫作者散步時，「突然看見一戶人家院子種了一棵高大的麵包樹」，「巨大的葉子有如扇子」，而當他不小心踩裂一張麵包樹的扇面時，「遂興起了收藏一張麵包樹葉的想法」，而由於這個念頭使他在撿拾葉片時，意外地發現「樹葉下面有一粒粉紅色的貝殼」。這樣的發現，擾動了他散步的心情。他想到在撿到貝殼之前，就在這條路上「發現了不少異狀」：春訊的晚至、大樓雨後春筍般地快速興建、古董店中被雕成受攻擊山豬模樣的水晶，而因為這些景像，使他翻生了許多念頭，直到看到那棵麵包樹。但那粒新而完好的貝殼，又令他茫然。因為它「是從海岸上撿來不久，還帶著海水的氣息」，那麼它是如何掉落到臺北的大道上呢？在連番的思索中，他進一步追問自我為什麼來到世界等關切生命核心的問題。這樣一篇文章包裹的意念非常豐富，但都在撿到一粒貝殼前後被誘發和喚醒，所以題目著眼於此。如果我們把題目縮減成「一粒貝殼」就無法承載那麼豐富的意念，而在「撿到」之前加上「路上」二字，目的在挑動讀者的好奇，因而較未加更具有導引作用。總之，我們要儘可能汰除題目中不必要的文字，使我們精心設計的文題儘管「輕薄短小」，卻絕不會讓人忘了它的存在。

三、含蓄

許多人在訂題目時，為了要切意，往往直顯其旨，這種方式固然一目瞭然，可立即喚起讀者的感應，如「母親的教誨」、「報紙的言論」、「國慶感懷」等，但無形中也剝奪了讀者探尋的樂趣。一般而言，論說性質的文章，題目不妨顯豁，好讓讀者瞬間掌握其論述重心；但記敘、抒情類的文章，就不宜太過直接而了無餘韻。題與意的最佳關係應是：有點黏又不會太黏，如此方能形成距離的美感。保持美感距離的文題，可因為讀者的參與而形成豐富的意涵。像朱自清的〈背影〉，從題目上猜不出內容，等讀完文章後，我們會發現它確能直指全文關鍵並揭示人生微妙的真理。全篇集中火力寫其父親一意付出的「迂陋」形狀，並以特寫鏡頭描述父親為他買橘子時攀爬月臺的一點背影。此時，背影已成為父愛的象徵，並成功地逆轉了兒子的不滿與嫌惡，使親子之情的溫暖無限上升。「背影」是全文轉折的重要關鍵，一方面具體地流露了父親對子女辛勤無我的愛；一方面也暗示子女往往在面對父母時，會漠視、甚至排斥他們的愛心，唯有在背後，才能毫無阻礙地感受這種愛心。

四、新穎

求新求變可說是所有文藝創作的共同理則。以題目而言，「新」可從「句式」、「詞彙」、「取材角度」等方面加以經營。如前面提及的〈背影〉一文，如果題目易為「父親的愛」，則不僅太過顯豁，同時也十分陳腐，略無新意。朱自清在取材角度上著力，便使得這篇文章的文與題相映生輝。至於「詞句」方面，則可借助於修辭的鍾鍊，以產生殊異的美感。如陳幸蕙的〈碧沉西瓜〉是一篇藉物起興的文字，西瓜為引起全文的關鍵形象，以之為題，可謂不辱使命。而作者別具巧思地在「西瓜」之上，鑲加「碧沉」二字，立使形象鮮活，無論是設色或音叶，都較單用「西瓜」二字為佳。而一「沉」字更是用得精妙，除了加重碧的濃度，也暗示了西瓜鎮住酷暑燥煩的「沉靜」、「沉澱」作用。又如陸蠡的〈囚綠記〉記述作者因喜歡綠，想要擁有綠，所以特地將兩條長春藤囚進書房，致使它們逐漸失去青春的本質而幾近萎頓，最後作者在蘆溝橋事變爆發，欲逃難遠行時，才開釋長春藤的幽囚。「囚綠」在立意上十分新穎，令人眼睛為之一亮。再如蘇偉貞〈歲月的聲音〉移視覺而為聽覺，亦是相當不錯的創意。全文藉具體事物的形象，記錄歲月的行跡：「風吹雨淋，椅子十分有歲月的顏色」、「太陽一落，毫無準備下，黎明驀地就冒闖而來」，作者以為這也是一種聲音的形式，因而以之為題。在效果上，當較「歲月的行跡」為佳。此外，像簡媜〈夢的狼牙〉、履彊〈有夢笨馬〉、朱炎〈娘，您又在搗鬼兒了〉等文題，或用比喻、或用轉品、或採對話方式，巧思各異，卻同樣給予讀者新鮮生動的感受。

上述四項原則，前兩者是消極原則，也就是作為一個題目最基本的條件，後兩項則是命題成功的積極條件。我們在訂立文題時，除了要符合消極的需求外，更應自我期許，在含蓄和新穎兩方面多加斟酌。

那麼，如何針對文章內容，命一個既切又爽的好題目呢？「初念的找尋」是一條可行的捷徑。初念是誘發我們寫作的動機，這個念頭的產生，可能是緣於一個事件（甚或是事件中的某個動作、反應或言語）、一個形象、一個觀念……，向上溯尋源頭，有助於凝塑文題。一邊溯尋，不妨就一邊記錄下來，記錄下的東西，有些可直接援引為題，有些則必須進一步加工。以劉墉〈你自己決定吧〉一文為例，這篇文章緣起於搬家前收拾東西時，作者與兒子間的一段對話。作者一向認為「如果我們希望下一代能比上一代強，就要給他們空間、給他們自由、讓他們作主」，因此當兒子詢問有關處置東西的許多問題時，他給的答案都是同一句：「你自己決定吧！」之後文章就在這個主題下探討了自我作主擁有的權利與義務。文中「你自己決定吧」一句話，既是前面事件的總結性交代，亦是後面感懷的誘發點，作為題目，確能發揮指點作用，而採用對話口吻，一方面可產生親切感，減去幾分嚴肅（不妨和「自我作主」這個題目做一比較），一方面也突破了常用的命題模式，展現了新意。

至於像蘇雪林〈禿的梧桐〉一文，記一株飽受摧折（雷擊、蟻嚙、風折）卻永不放棄的梧桐，文中梧桐的形象歷經了許多變化，但作者卻把焦點對準枯敗凋殘的面貌，讓讀者形成與文中路人一樣的常識性判斷：這株梧桐，怕再也難得活了。從文章大篇幅的描寫梧桐的禿來看，以〈禿的梧桐〉為題，確實能與內容相映。但作者著力寫梧桐的禿的目的，正在於宣示外在勢力的壓迫磨難，從不曾禿了它的志氣，所以它會忙碌地萌新芽、吐新葉。著意於禿卻在於呈顯其不禿，因此，這個題目在讀者品讀竟篇之後，反倒形成了相當強烈的撞擊，引發了跌宕的美感。

有時，直接錄下面對事物的感受而以之為題，也是很好的嘗試，朱自清的〈匆匆〉、豐子愷的〈漸〉，都是寫對時間特質的感受，簡筆勾勒卻雋永有神。相較起來，畢璞（周素珊）的〈第一次真好〉，同樣寫感受，卻因為意顯而少了幾分回甘的滋味。

將初念加工的方式很多，以形象而言，就必須先有壓縮的工夫。壓縮後的形象，仍必須有「尺幅中見天地」的籠罩效果，切不可執意刪削而與文意失黏。形象的壓縮，有時是逐步完成的，像朱自清的〈背影〉，便可能是從「月臺上父親的背影」到「父親的背影」，最後才凝聚而成。壓縮後的影像，有時也可能只剩下局部特寫。如王鼎鈞的〈紅頭繩兒〉寫抗日戰火下一個小男孩的初戀。然而文章中的這個女主角連名字都未出現過，她的五官、身材、長相，也都全無交代，只是以小女孩頭上紮的紅頭繩借代。這個在文章中就已被壓縮的形象，始終盤據在作者的心中：「童年的夢碎了，碎片中還有紅頭繩兒的影子」，所以他在征途中看見掛著大辮子的姑娘、看到新嫁娘、甚至看到小學生，都會想到紅頭繩，一直到他和小女孩的父親重逢，才知道她早已失蹤。全篇將一個孩子的惦戀之情，寫得十分深切，而以「紅頭繩兒」為題，既能夠掌握全篇的關鍵形象，又能藉以呈現一分屬於童稚的情懷，意趣很豐富。除了壓縮外，有時還要運用想像和修飾。

這些想像或修飾，有些在文中已經出現，不妨直接援引為題，像洪素麗〈雨夜的白玫瑰〉，記一位「臉上看不出歡喜」的新嫁娘。文章最後便寫道：「相交十年的好友，美麗一如雨夜白玫瑰：水質的、清香的、背光的、脆弱的，……」。有時，則可能全然未在文中出現，但那形象的特質卻與文章意涵相呼應，如以〈蒲公英的歲月〉記錄自己漂泊的人生，以〈刺鳥〉寫對愛情的執著。

初念如果是一個（或一系列）事件，我們可以嘗試先將它做一簡括，如琦君寫她在自家餐室看隔鄰木板牆夾縫中麻雀的進出，看自家院中香柏樹上金鳥的築巢、孵卵、餵食以至離巢，這一連串的經驗，最後被她收束成〈窗前看鳥〉的簡筆，藉以籠括全文，可算是平實而簡鍊。除了將事件簡括外，也可嘗試找出誘發該事件的媒介，如陳少聰的〈春茶〉寫她蜜月回來後，遍尋不著可喝的茶時，才捨不得地將好友一年多前託人送來的一罐春茶打開，並在品味一盞香茗的同時，跌落二人相交的片片記憶中。文章的重心在寫友人與自己的情誼，但最初的意念卻是由找茶的事件勾起，所以，用春茶為題，也就顯得清洌而甘美。而在文章最後，作者眼前溫熱的茶，也為她的人生體驗留下了註腳：愛，是一盅耐品的春茶。有時，在事件發生的場景中，總有些令我們印象深刻的畫面。如記一次廟會的盛狀，如果你印象深刻的是喧天鑼鼓，那麼就不妨以「鑼鼓聲喧」、「鈸鐃已響」為題；如果時序正好是夏天，你對那萬頭攢動形成的熱浪，久難忘懷，那麼「熱鬧一夏」的雙關諧趣，也蠻有意思。至於寫節慶的題目，則或者可由節慶的由來處著力，如把「國慶感言」改成「遙想辛亥當年」；或者可從節慶的特殊風俗上設想，像記端午的「粽葉香、龍舟情」，寫中秋的「圓圓的相思」，都比很寬泛的以「端午記事」、「中秋抒懷」要好。

除了找出初念外，抓住隨文章進行而興發的感受為題，也是許多作家習用的方式。像張曉風的〈半局〉寫一位亦師亦友的杜公——一個赤裸、直接、灑脫，但又細心、聰明、柔情的人。作者藉一鱗半爪的切身感受和親眼印象，將主角人物的意態傳神地寫出。然而這樣一個令作者又敬又愛的人卻因病早逝，面對這樣的結局，作者覺得「憤怒」，「正好像一群孩子，在廣場上做遊戲，大家才剛弄清楚遊戲規則，才剛明白遊戲的好玩之處，並且剛找好自己的那一伙，其中一人卻不聲不響的半局而退了」，作者就把這種感受凝成「半局」二字以為篇題，可謂貼切而神妙。余光中〈沒有人是一個島〉寫作者至澳洲面對遼闊大地的感懷。一般人總以為澳洲有如人間天堂，但在作者眼底，澳洲亦有其地獄般的黑暗不堪。由此作者聯想到許多人以為在臺灣這個島嶼生長的人，因著地形的限制而褊狹自限，但他對這種看法並不以為然，而以蘇軾的海南島經驗為例證。文章最後，他以一位牧師禱詞中的「沒有人是一個島」作結，寓寄了「遼闊仄狹全由心造，沒有人會孤絕如島」的深意。這個感受是在文字發展中醞釀的，以之為題，既新穎又豐富。

鍛鍊一個好的題目，有時必須跳脫一般的語言結構，形成一點懸宕、新異的美感，像馬叔禮〈火車乘著天涯來〉、陳幸蕙〈被美撞了一下〉、張曉風〈我在〉、〈從你美麗的流域〉、方娥真〈我最嬌寵的一襲〉、楊明〈偶現〉、簡媜〈母者〉……，然而這樣的語言形式，往往是在千錘百鍊後，以自然的方式表出，如果太過刻意、矯揉，反倒不如樸拙的好。

在創作的過程中，我們常有機會向他人乞巧，立題亦然。巧妙的借用，利用舊瓶盛新釀，常有令人驚異的效果。借用的對象可說是上窮碧落下黃泉，或古或今，宜中宜西。它可能是一句話（俚語、詩詞曲、諺語、廣告……）、也可能是篇名（書名、歌名、片名……）。在借用時，或者是原型移用，像林之英〈出其東門，有女如雲〉一文，借《詩經》中的句子談選美；而如果你寫了一篇春遊的文章，則可借用「拜訪春天」（歌名）、「我和春天有個約會」（電影名）。原型借用，有時還可以兼有雙層的意涵——將原句包含的事件和個人的文字互涉，如陳義芝〈我徂東山〉寫他在東部山區行軍的情景，就字面上看是實寫（「東山」者，「東部之山也」），但此語原出自《詩經・東山》，寫的正是征役之苦，兩者的意象在緊密融合後，使得文題包覆的內容就更加深廣了。所以，如果有人寫一次春日眺望彼岸的情懷而以「春望」為題時，其中除了作者自己的血淚外，老杜的身影只怕也是不少的。不過借用時，一定要拿捏好二者之間得以牽合的分寸，不可硬套。有時，借用只是仿其架構，像杜甫名句「青春作伴好還鄉」，可以被用來寫一篇勉人春日讀書的文章，而改作「青春作伴好讀書」；像簡媜的〈水問〉在行文形式和立題的巧思，都脫胎於屈原的〈天問〉；又如張曼娟的〈出大理記〉也嗅得到〈出埃及記〉的餘香。借用時還可利用中國語文的特色加以巧妙變化，如將〈馴悍記〉偷渡成「馴旱記」，就可能是一篇寫如何應付天旱的妙文；而張拓蕪的〈老，吾老矣〉則是從「老吾老以及人之老」句巧變而出。借用有時還會逆反原題，像朱炎的〈此時有聲勝無聲〉源出白居易〈琵琶行〉「此時無聲勝有聲」句，但意念全然相反。作者以為在若干時空，聲音的存在有其必要：如〈楓橋夜泊〉中的鐘聲、如跌入井中一歲半女娃的哭聲，如〈國王的新衣〉中坦率點破騙局的童稚之音……。另外如沈謙的〈得饒己處且饒己〉、張曼娟的〈緣起不滅〉，則分別自「得饒人處且饒人」（俗諺）、「緣起緣滅」（佛家語）借力，而又全然變異其貌。

好的題目就像好的商標一樣，令人難以忘懷，但如果文字的內容不能與之輝映，只怕反倒會糟蹋了好題目。所以，當你執筆為文時，請堅持每一刻的清新與美麗。

筆記欄

中卷 作文進階訓練

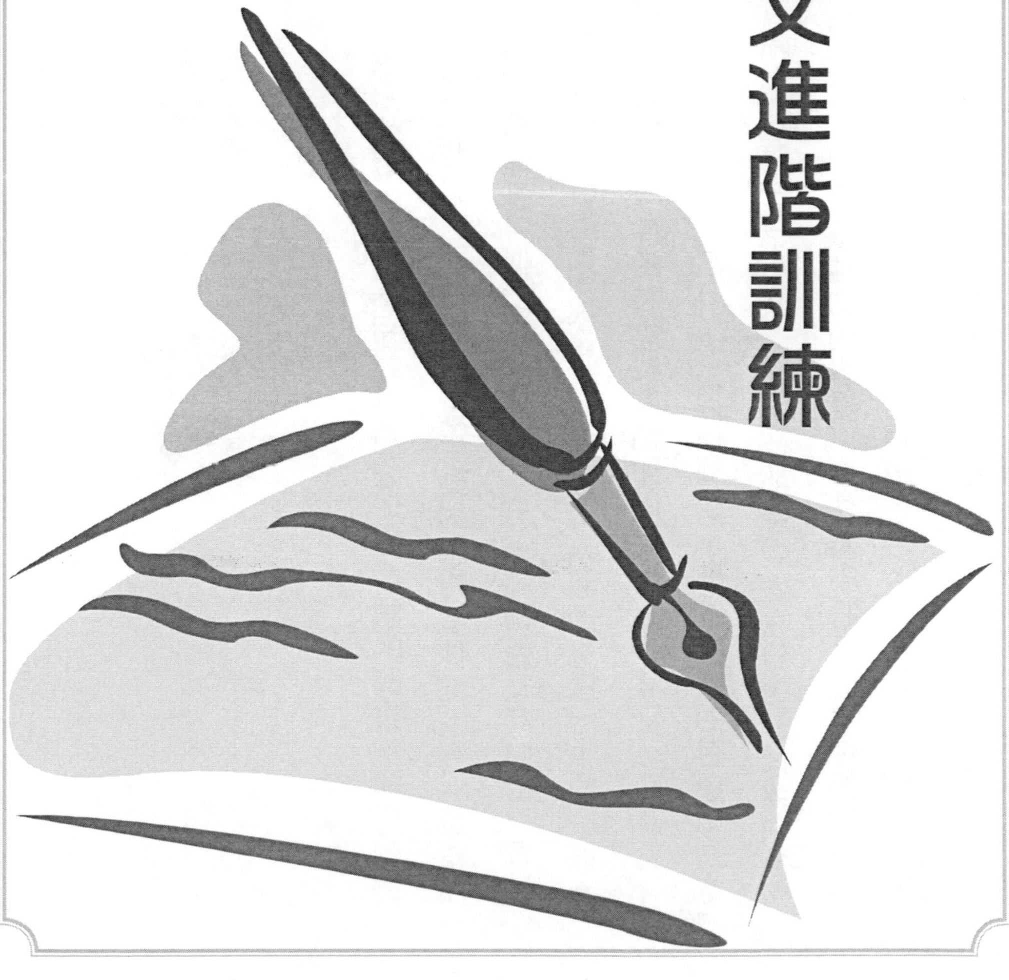

第9話 速寫

速寫原本是繪畫用語，是指用簡單工具迅速扼要地記錄所見所感的圖畫。移用到寫作上，則是指在限定字數內（一般不超過三百字），簡潔生動的敘寫事件或人物。速寫在文章中出現的面貌有兩種：一種全篇即是一個速寫的呈現，另一種則是文章中的一個片段，如「書房一角（如書桌）」的速寫，可單獨成篇，也可成為「我的書房」中的一段。不管是哪一種，都必須針對所寫人物、事件的特點或重點加以發揮。

速寫需運用敘述和描寫兩種工具。敘述的對象是歷史裡的事件；描寫的對象則是空間中的特定客體。不過，在實際寫作時，為了能將所敘事件的發展做充分的交代或演繹，敘述往往必須與描寫或說明相結合。因為敘述的內容是以事件為中心，而事件的形成與發展，無非由人物與時空的互動而產生，所以，若在敘述中缺乏對這些人物背景的描繪或說明，便極易使文章成為事件的機械化堆砌，如帳冊般索然無味。由此可見，速寫要能成功，描寫能力的培養，實是第一要件。

描寫的成功，建立在特徵的準確掌握上。這個特徵或者訴諸感官的經驗：色彩、形狀、聲響、氣味、質地、動作……，或者訴諸思想的運作：語言內容、情緒反應……；全視作者與描寫客體間的交互作用而定。所以同樣的對象，不同人可能會找到相異的特徵。以竹子為例，有人看到的是剖開後的「虛心」；有些人看到的則是它堅持的筆直和青綠。在掌握特徵之後，我們便要運用各種修辭技巧將它們具體表現出來，如此才能給予讀者栩栩如生的感受。在練習速寫時，不妨先從身邊的人物和空間著手，嘗試找出他們的特徵，並試著用相關的景物或動作，具體呈現出來。

描寫的手法，一般而言可以簡括為寫真式描寫和印象式描寫兩大類，但在速寫中，通常都是採用印象式的手法。這種描寫是只用簡筆勾勒，文字簡鍊樸實，通常呈現出的是客體在作者心目中的形象。在寫作時，我們必須努力再現出我們對客體瞬間而直接的感受，為了使此感受更加深刻，往往必須著重氣氛的渲染。這種感受，有時是從一個整體的印象著手，像下面幾段寫人、狀物、描景的文字：

為首的一輛車中，坐著一個穿著很整齊的西服的人，他的溫文端正的面容，光光的頭髮，八字鬍子，一望而知是孫中山先生。他一言不發地坐在那裡，眼光直注在戲臺上，他那秀美的面容，優閒的態度，完全表現出一個書生政治家來。

（陳源〈哀思〉）

黎明時，窗外是一片鳥囀，不是吱吱喳喳的麻雀，不是呱呱噪啼的烏鴉。那一片聲音是清脆的，是嘹亮的。有的一聲長叫，包括著六七個音階；有的只是一個聲音，圓潤而不覺其單調；有時是獨奏，有時是合唱，簡直是一派和諧的交響樂。

（梁實秋〈鳥〉）

正衝著一條寬廣的大道，過來了一群羊，放草歸來的，偌大的太陽，在牠們背後放射著萬縷的金輝，天上卻是烏青的，只剩這不可逼視的威光中的一條大路，一群生物。

（徐志摩〈我所知道的康橋〉）

有時則只是抓住某一特色，將之放大誇張。如徐鍾珮〈她沒有來〉描寫她時僅針對「矮小」一端：

我卻絕沒有料到她一小至此，天哪，連我這「排尾」和她說話都要低下頭來。她比我矮一個頭，和她一起走路，我常想脫下我的高跟鞋來。她是有生以來我見到的最小的女人。

（徐鍾珮〈她沒有來〉）

又如白靈〈小朱的嗩吶〉則鎖定小朱的笑臉：

小朱喜歡笑，但他的笑臉我不知該怎麼形容——有點突梯滑稽吧——尖小老鼠眼、朝天鼻、窄而肥厚的嘴形，偏偏這些又擠在一張多肉黝黑的臉中央，一旦笑起來，這些器官就彷彿陷在泥巴中似的；尤其那雙小眼睛，笑得厲害時，我真怕它們就從此不見了。

（白靈〈小朱的嗩吶〉）

由上述的例子我們不難發現：印象式描寫雖然以現實形象為基礎，但多以簡鍊的筆墨，勾勒人物的形象，其描寫重在寫神而非寫形，文字注重鮮明度，因此筆端需飽沾情感，才不致流於平淡。

敘述的基本要求是清晰和聯貫。在練習速寫時，我們可以先從一件小事或是一件事的某個階段開始。不管是事件的全程紀錄或重點突出，要想得聯貫，就必須將事情從緣起、發展到結束所有過程的線索整理清楚，才能有條不紊。速寫由於篇幅的限制，並不可能要求面面俱到的詳述每一個細節，因此在寫作時，我們可以在過程中選擇那些最能凸顯重點的環節。朱自清〈背影〉這篇文章中有一段敘述他父親買橘子的速寫：

我說道：「爸爸，您走吧！」他望車外看了一看，說：「我買幾個橘子去，你就在此地不要走動。」我看那邊月臺的柵欄外有幾個賣東西的等著顧客。走到那邊月臺，須穿過鐵道，須跳下去又爬上去。父親是一個胖子，走過去自然要費事些。我本來要去的，他不肯，只好讓他去。我看見他戴著黑布小帽，穿著黑布大馬褂，深青布棉袍，蹣跚地走到鐵道邊，慢慢探身下去，尚不大難。可是他穿過鐵道要爬上那邊月臺，就不容易了。他用兩手攀著上面，兩腳再向上縮；他肥胖的身子向左微傾，顯出努力的樣子。這時我看見他的背影，我的淚很快地流下來了。我趕緊拭乾了淚，怕他看見，也怕別人看見。我再向外看時，他已抱了朱紅的橘子望回走了。過鐵道時，他先將橘子散放在地上，自己慢慢爬下，再抱起橘子走。

（朱自清〈背影〉）

讀完這段敘述，我們不難發現作者的重點是置於穿過鐵道、爬上月臺的過程。因為這個過程出現的背影，正是他全文主旨所繫的關鍵形象。為了突出這個重點，作者採用了特寫的手法，透過細緻準確的描寫，具體、清晰的勾繪了一位慈父的身影。相較起來，對事件的緣起和結束，作者用的筆墨就淡得多了。

敘述重點的選擇，往往配合文章的中心而有所調整。如「國文課速寫」這樣的題材，如果想要表達的是師生互動的氣氛，那麼重點就要擺在活動的設計、參與情形；如果要寫的是上課的內容，那麼就要將焦點集中在教材的講述上。除了考慮文章中心外，有時，事件本身在不同環節的變化性，也會影響重點的選擇。有的事件過程平淡無奇，但緣起或結局卻出人意表，這時，我們就該將重點置於那些新奇的部分；而如果過程千迴百折，就可以將每個曲折處都略加敘寫或是挑選其中令你印象最深刻的階段詳加記錄。

敘述的方式，常見的有順敘、倒敘、插敘、分敘四種。順敘是指順著時間的先後，從開始到結束一路寫來，這是最常用的方式，它的好處在於條理分明，但節奏可能略見呆板，稍不留意，便會流於枯淡，所以要借助描寫加以補強。如胡適〈母親的教誨〉記他因說話輕薄而被母親責罰的一段，作者在敘述時，運用對話的描寫和小動作的刻劃，使事件清晰再現而令人印象深刻。

倒敘是指將事件的最主要部分放在文章前頭，再回溯敘述事件的因由和過程。以「觀畫記」為例，你可以先敘述自己在觀畫之後的整體感受，然後敘寫故宮博物院為慶祝成立七十年，商得法國羅浮宮美術館的同意，將該館珍藏的畫作運抵臺灣展覽，而你為了不錯失這千載難逢的機緣，在何時與何人一同觀覽。當然全篇的重點在於觀覽所見，除了概略把展覽畫作的特色加以敘寫外，也可挑選其中最令你印象深刻的畫作加以介紹。而如果你感受強烈的不在畫作而是展覽室的設計或參觀人潮的蜂湧，那麼就不妨從這個角度著力，最後拍合到文章開端的文字。

插敘是指在主要敘述中橫生枝節，扦插進來新的事件。此一外來事件，大都具有烘托氣氛或陪襯主旨的作用。以上文「觀畫記」為例，如果其中某幅畫觸發了你舊有的經驗，你就可以將這個舊經驗穿插進來敘述，像是學畫歷程中老師的某次提醒，或自己一次類似情境的寫生經驗。不過要特別留意的是，穿插的事件不可喧賓奪主，搶盡主要事件的風采。

分敘是敘述同一時間內不同空間的活動，這種方式往往可以透過對照的方式形成較大的震撼力。就像我們敘寫一個家境清苦的孩子面對著雖不豐美但卻溫熱的飯盒，臉上寫滿著不耐、自卑的神情時，如果筆鋒一轉，跳寫到他瘦削的母親在工作空檔中啃著乾硬饅頭的畫面，必然會使文章所要傳達的訊息更加深刻。

速寫在寫作上要求簡潔和逼肖，也就是要用最精簡的文字呈現人物事件的特點。因此，速寫的成功，必須植基於「細膩的觀察」、「深入的感知」和「謹慎的取材」三個步驟的落實。

任何事物的生命力，都是藉由一定的形式具體呈現。森羅萬象的事物，存在著不同程度的差異性，差異所在也正成其特色。而這些差異，則有賴你我敏銳細膩的觀察才可能有所體得。物象的描寫最忌刻板，如寫母親一律是：「我的媽媽不胖不瘦，不高不矮，對我非常慈愛：天冷時囑我添衣，生病時為我守候……」就太過刻板，讓人無法真切感受到你的媽媽與王家、李家甚至張家的媽媽有什麼不同。試想人的臉孔，從同處看，無非都是相同的構造；但從異處看，可就千差萬別了。而寫作的妙諦就是要在同中求異，不僅要窺出此物與彼物的差異，還要看到同樣事物在不同環境下的種種變化。你能訪尋到的差異愈大（儘量馳騁你感官的知能去看、去聽、去嗅、去撫觸、去品嘗），你筆下的物象也就愈飽滿豐實。人說「一砂一世界，一花一天堂」，你的世界、天堂是廣闊還是仄狹，全在你能否從不同的光面去欣賞眼前森然羅列的事物了。事件的敘述最忌平直，同是寫吃飯，時間的不同、場合的不同、菜色、同食者、心情……等的變換，難道不會使相同的事件有著異樣的趣味？那麼，我們又怎能允許自己用一成不變的方式去記錄它們呢？所以請你務必要努力觀察在事件的進行中，有哪些質素的加入而使得事件產生變化。

在進行了細膩的觀察之後，我們還要對事物的內部規律有一分特殊的感悟。這個感悟的過程使得你和事物間形成特殊的互動關係，因而可以突破表層的認知，使再現的事物不致停留在模擬傳真而缺乏精神的層面。事實上，在自由意識下，會被作者留意而加以敘述或描寫的事物，往往都有一分因緣牽動著作者的情思。因此，事物本身往往僅是導引讀者尋思這分情思的媒介。如陳源〈哀思〉一文藉瞻望孫中山先生移靈一事，傳述了他對逝者偉大人格的崇仰與追念；張騰蛟〈溪頭的竹子〉則透過努力攀高的竹子，寄寓了個人的人生態度。換個角度說，如果作者對於某個事件或物象，缺乏深刻的感受，那麼，他筆下敘寫的內容，就無法生動感人。因此，思深情切是速寫得以成功的重要關鍵。然而，我們藉由速寫在筆下呈現的人物事件，未必是我們親身經歷，也未必與我們有深厚關係，那麼，如何讓它們浸潤在我們的深切情思中呢？簡單的說，就是「用心」。就像演員嘗試揣摩各種不同的角色，你也可以假想各種情境。只要你曾經用過心，相信必然可以別具隻眼，增進對事物的穿透能力，深入其生命底蘊。

速寫要求以精簡的筆墨，交代事件的來龍去脈或人物的形象特徵。因此，儘管我們進行了細膩的觀察和深入的感知，也註定不可能全盤呈現。於是，我們就必須慎選能表現主題的材料。被選入的材料在敘寫時也不是面面俱到，平均使力的，而是要配合主題表達的需要而有主副、輕重的差異。這就像是電影中有主角、配角；主情節、副情節；主場景、副場景的搭配；同時，為了強化劇情、渲染氣氛，在鏡頭的移動上也要或近或遠、或全面或局部、或正面或側面地做不同變化。在材料的處理上，如果你能稱職地做好掌鏡工作，使詳略相參、快慢互諧，一定能緊緊抓住讀者的視線。

速寫的練習，是隨時可以進行的。以身邊俯拾盡是的人事物為對象，經由上述的過程，記錄下你的經歷和感動。別小看平凡事物的不平凡魅力，因為只要有你豐盈的情思浸潤，尋常的溪石也會有寶玉的光華。如果所記的是事件，便要留心事件發生的時間，並思考此時間與事件間是否有關聯；同時還要觀察空間是否轉移，因何轉移，不同空間有無相關；還要明白主導人物是誰，具有哪些特質？從屬人物又是哪些人，他們在何時加入，與主導人物之間的關係為何？除了這些以外，還要觀察它的發展與變化，從而推究可能的成因或結果。上述這些訊息，有些是明白外顯的，有些則有待我們加上相應的理解和分析。果真可以用這樣的慧眼觀照生活中時時上演的事件，不僅能使我們速寫的功力大為增進，也會為我們的生活帶來更多的啟發與趣味。課文中出現的許多事件（像

〈雅量〉中的布料觀感、〈你自己決定吧〉的搬家、〈初夏的庭院〉的雨中賞花……等），不就是最好的例證。

如果是人物，就要儘可能搜尋出他的特異之處或是令你感受深刻的地方（可能是對象本身的，也可能是他與其他人物之間的互動關係）。以雨聲而言，曾在非常多人的筆下出現，但余光中敲擊出的節奏，卻是如此清亮得令人難忘：

至於雨敲在鱗鱗千瓣的瓦上，由遠而近，輕輕重重輕輕，夾著一股股的細流沿瓦槽的屋簷潺潺瀉下，各種敲擊音與滑音密織成網，誰的千指百指在按摩耳輪。

（余光中〈聽聽那冷雨〉）

因為他掌握了雨聲的變化，並將原本訴諸聽覺的刺激，轉化成視覺，從而形成更全面、更鮮明的印象。

多留心多練習，相信有一天你筆下速寫的人物會驕傲的告訴讀者：他抓得住我。

筆記欄

第10話 改寫

如果說聯想與速寫是建立在細緻觀察上的寫作手法，改寫無疑是必須以理解為基礎的。改寫的方式可能有很多種，但無論是哪一種，都必須先有一原創文獻，然後再以此文獻為基礎，從事改裝的工作。因為經過了改裝，所以寫作出來的文字換了新的造型，並非原型的呈現，故而仍可視為創作。

以散文的寫作而言，改裝的方式可以有下列幾種情形：

一是文體的轉換。這是最常見的一種形式，也是一般任課老師較於習用的命題方式。可以進行轉換的文體如：古典詩歌（含詩、詞、曲）→現代散文、古典散文→現代散文、現代詩歌→現代散文。

二是故事情節的改易。這種形式是將一個大家熟悉的故事，自某個部分截斷後，配合著前述人物情節的發展脈絡，重新設計新的情節和結局。這種方式類似續寫，但與續寫不同的是它有一個完整的故事存在，而這既存的故事，對我們的思維會形成某種程度的干擾。

三是敘述觀點的調整。敘述觀點不同，在情緒發展和認知分析的層面等方面，都可能存在相當的差異。這種形式是將原作的敘述觀點加以更動——較常採用的方式是將第一人稱轉為第三人稱；或將第三人稱改為第一人稱。

不管是哪一種形式的改寫，在從事改裝工作之前，對原創文獻我們都必須有相當程度的掌握能力，以了解它的基本架構、主旨意趣、人物性格……。再以這些理解為背景，通過必要的聯想並結合主客觀經驗，對原始文獻所提供的訊息加以刪併或擴充，使它擁有全新而獨特的風貌。

文體轉換類的改寫，可訓練我們深入解讀文獻的能力。首先，我們必須明白各種文體在體類上的特性。以詩歌而言（不論古典或現代），它主要是借助形象來抒情和敘事，語言非常精鍊，並有跳躍性和音樂性等特點，加上它慣用暗示的手法（比喻或象徵），因此在改寫時，我們先要透過詩歌本身透露的訊息（表象的或暗示的）以及周邊資料的搜集（作者身世、時代背景……），重新架構起最初觸動作者創作動機的場景，讓自己投入那個場景中與其間人物時空互動，體悟原詩所要表達的思想情感，從而以新的方式或角度再現那分感動。再現時，我們必須發揮想像力，讓原詩中的人物形象更具體、更豐滿、更有生命力。同時還要選擇重點細加描繪以展開情節；或是鋪陳關鍵詩句，並留意將跳躍的部分予以聯綴。在這種意義下，改寫就不等於翻譯，在行文次序上未必與原創相同，敘述觀點或主旨意趣也可能略有改動。

像盧綸〈塞下曲〉一詩中事實上應該有相當多的人物——被俘的單于及其部屬、守夜的士卒、領兵的將軍以及其率領的士眾……，但在原詩裡，除了單于被清楚提出外，其餘均未直接點明。即使是詩中有所交代的人物單于，也僅有「夜遁逃」三字加以描繪，以人物形象而言，可說是留有相當開闊的空間可供改寫者發揮。此外，在情節的發展上，原詩只呈現了遁逃、追逐這兩個片段的結果，而對事件之前、之中乃至之後的種種狀況，未置一詞，這些地方，也是改寫者可以著力之處。在進行改寫時，我們可以依循詩意，安排若干核心人物（如單于及統帥）及附屬人物（如守夜士兵、副將）。核心人物部分必須儘可能使其形象鮮明，為了達到這個效果，就必須加強形貌的刻劃，並透過言語、動作、神態來呈現其個性及心理變化；附屬人物在文中主要是居陪襯地位，他們的存在將使情節的發展更為合理而豐富，在塑造這類人物時，即使是淡筆勾勒也不算輕率。至於情節方面，可隨個人的想像加以延伸，你可以從兩軍發生戰役，單于戰敗被俘開始寫起；

也可以直接切入牢房的場景，敘寫單于以及部屬密商夜逃計畫的景狀；當然如果你想跳過這些，直接描述巡守士兵發現俘虜脫逃的驚恐狀，也是很好的嘗試。在事件的進行中，你可以選擇其中一方予以鋪敘；也可以兵分二路分寫兩方的行動；當然在這其間你也可以安排對話用以掀起高潮。總之，在改寫以敘述（記事或寫人）為主的詩作時，我們先要儘可能將事件或人物做必要的還原（回到當時的歷史情境），再加以合理的擴充或深化。

至於以抒情為主軸的詩歌，在原詩中可能尋不著具體事件的痕影。在改寫時，我們可採用兩種方式：一是尋繹出原詩情感的類型與強度，結合個人經驗或想像並配合原作選取的物象加以演繹或深化；二是虛構一可令原詩情感依附的事件，使情感的呈現較為落實。下面這首〈天淨沙秋思〉就是以第二種方式加以改寫而成的：

〔原作〕

枯藤、老樹、昏鴉。小橋、流水、平沙。古道、西風、瘦馬。夕陽西下，斷腸人在天涯。

〔改作〕

夕陽偷飲了楓紅，微醺的臉，是新嫁娘的羞顏。

掀起頭紗，漾著紅光的容顏，分不清是燭光、是嫁衣、還是你羞赧的紅。

古道，記錄著一代代追夢人的行跡。在深秋時分，它不知等待了多久，才盼到我的跫音。尋訪著前人的足印，我的腳步也黏著了歷史的沉重。前人的理想是否曾經實現，我不明白；但我真切知道，行過山山水水之後，我仍是風起後的揚塵，尋不著落腳處。

不能落腳，便註定要漂流。此刻我在此駐足，與古道對酌一杯西風的清冷，下一刻與它相伴的，怕只有那小橋、流水和千里綿延、沉澱所有故事的平沙了。

遠處，鳥群成列地穿過炊煙，飛行的姿勢，說明了歸巢的急切與喜悅。那更遠處，升起炊煙的人家裡，應該有你微微沁著汗珠、一樣酡紅的臉。

胯下的馬累了，清瘦的牠馱負不動一顆遊子的心。就讓牠倚著老樹歇息吧。此刻，那雙巧手該已將變化出的豐美佳肴，熱鬧上桌了。枝頭的鴉兒，請別噪啼，那瘖啞的聲響，會模糊我的眼，看不清家的方向。

突然覺得老樹也是幸福的。你看它虯勁的樹身上，密實地纏繞著藤蔓，而藤蔓，縱使乾枯了，也始終緊緊的攀附，不曾背離。然而，哪一枝？哪一幹？可以讓我攀緣其上，緊緊纏繞？

西風無語，夕陽也調轉了身影，而古道，以千百年的沉靜，回應我的嘆息。

遠方的你，舉箸夾起的，可是久漬風霜的相思。

至於改寫古典散文為現代散文，由於二者在表現手法上的差異性較小，所以處理起來較為容易。改寫時，我們需先理解二者之間文法上的區別，將原始文句添補上被刪略的部分；再細加揣摩每一個虛詞所寄寓的情感，以便加上適當的辭彙聯貫上下文，經過這一番工夫後，我們便初步寫就了一篇翻譯稿。接著，我們可就這篇初稿進行構思——文中哪些情節片斷可加以擴充或深化；文中述及的事件或經驗，個人是否有過類似的情境可據以演繹；文中觸及的感受、意念有無可進一步探討的空間；行文的順序可否重作調整。經過這樣一番腦力激盪後，你可能會同時湧現出幾種改寫的版本，其中有幾種版本或許可以合併，就看你的巧思如何為它們進行拼裝了。即使你不願有太多的獨創，只是想以現代的筆法再現古典情懷，也沒有關係，但請特別加強你的描寫功力，針對原作進行更細膩的刻劃，才不致停留在翻譯的層次。下文即是依據李慈銘〈越縵堂日記〉中的一則改寫而成的：

〔原作〕

傍晚，獨步至倉頡祠前看稻花。時夕陽在山，蒼翠欲滴，風葉露穗，搖蕩若千頃波，山外煙嵐，遠近接簇，悠然暢寄，書味滿胸；此樂非但忘貧，兼可入道。

〔改作〕

你知道，真正的快樂是什麼嗎？那是你走進大自然之後，完全忘了自己，和風一起呼吸，和花草一起擺動，和煙嵐一起遠颺……

這真是個奇妙的經驗。

陶詩，由來都是我愛讀的。透過詩歌，淵明的真、淵明的醉以及淵明的固窮，一次次感動著我、撫潤著我。

秋日讀陶，別有一分特殊的況味。或許因為淵明愛菊，而菊，在秋日風華最盛。今天，當「山氣日夕佳，飛鳥相與還」的詩句與我再度相遇時，窗外正塗抹著三分暮色。我凝視著眼前幻化多姿的顏彩，心底分潤著淵明的「真意」。

小小的窗，為我框出了一幅幅圖景，那光影的變化，顏彩的揮灑，彷彿具有魔力，引我走入風景。

走著走著我竟成了新繪圖畫中的景，一個行走的景，從庭院到街巷到滿溢稻花香的倉頡祠。初抽的稻穗，正怯憐憐的探出頭，向大家問好。偶爾風過掀葉，就翻捲成千頃的金浪——訴說著豐收的訊息。而倉頡，這位在文化傳承上貢獻極鉅的先人，此刻可在享用眼前美景的供養？

至少遠處的山巒是滿心喜悅的浸浴在這天地一色的金光中，你看他竟任這大片金光點滴消融那千年封凍的綠，教我忍不住伸出雙手盛接。

可是那煙嵐偏和我搗鬼，他們忽近忽遠的逗弄著我的視線——一會兒在這頭戲耍成一團，一會兒又在那頭玩成一堆——一群頑皮的小孩。

突然間，我覺得自己是最富足的人，你說，還有誰比擁有天地更富有更快樂呢？

走著，想著，舞雩歌詠、壕梁觀魚的圖景，正緩步向我行來。

故事情節之所以需要改寫，通常是由於下述二種情形：一是情節發展太過模式化，二是情節發展不合情理或與現代生活脫節。相信大家都曾有過這樣的經驗——連續劇看到一半便可預知下面的劇情或結局，這種情形說明了人們在寫作時往往會遵循著一定的模式。而我們所熟悉的故事也常難脫離一定的窠臼，像：結局總是「從此以後，他們就過著幸福快樂的日子」；主角總是歷經種種磨難後因奇緣巧遇而改變命運；人物個性總是兩極化發展（好的既美麗又善良，壞的既醜陋又邪惡）；部分角色有定型化的趨勢（像後母都是壞人）。這類故事讀多了，我們可能會覺得索然無味。那麼，何不讓我們以故事中的人物背景為基架，給予它更真實、更人性化的新風貌。至於情節的不合理發展，我們不妨以灰姑娘為例來說明：為什麼十二點過後，華麗的衣飾都變回了原樣，而金縷鞋卻沒有改變？同樣大的鞋子可以穿的人很多，如何能單憑此找出灰姑娘？如果你也同意前面這些現象或問題的存在，那麼，你是否有興趣為它們做一點整型手術呢？

在改寫時，我們必須先有一個初步的計畫——全盤改動或是局部修正。如果是全盤改動，我們就要思考如何架構嶄新的情節，如何賦予人物新的造型；並以平時的生活累積為基礎，確立文章的中心。如果是局部調整，就必須考慮改寫部分與原始故事的銜接是否自然合理；新衍生出的部分具有什麼樣的意義。無論是哪一種方式的改寫，下面幾個原則都是必須留意的：

(1)流暢性：這是要求行文時能夠將意思充分完整的表達清楚，關鍵之處一定要有必要的鋪陳與說明，引導讀者明瞭前因後果。有一位小朋友改寫青蛙王子故事的末段如下：

王子把水晶球撿給公主，王子說：「來，讓我吻你一下。」公主也很快回答：「好呀！來吧！」王子高興的一跳，跳進了公主的嘴裡。公主微笑了一下，就把王子給吃了。（邱惠苹改寫）

很多人在讀到這裡時，可能都會產生看不懂的困擾。事實上作者的原意是：「王子不是故意要跳進公主的嘴裡，公主因為很愛吃，所以當王子跳上去吻她的時候，公主便把嘴巴打開，王子剛好就跳進公主嘴裡，於是公主微笑著便把王子吃了。」由於作者寫出的文字並沒有把原意表達清楚，而在文章的前段也未針對公主的愛吃加以描述，因此使閱讀的人覺得既突兀又模糊。

(2)合理性：故事要有創意，但人物性格的變化和情節的發展卻不能一心求異而不合情理。因此寫作之前一定要考慮周詳，讓故事前後得以呼應。局部改寫的故事，對於先前已存在的人物和情節，必須有合理的安排，不可無疾而終，人物的性格不可前後矛盾。若是將故事的時空背景加以轉移，也要考量新時空下相關事物的選取是否合宜。除此之外，角色的身分年齡與他的語彙、行為之間是否相符，也是一個故事能否成功的重要因素。現在，讓我們讀一篇改寫後的〈白雪公主〉，並一起思考它存在了些什麼問題。故事的前段先敘述了白雪公主被好心的士兵放走後，來到十矮人的小茅屋。屋裡所有的家具全是糖做的，這使得愛吃糖的她非常開心。不久之後，壞王后從魔鏡那裡知道白雪公主並未死的訊息，又開始了新的計謀：

王后聽了暴跳如雷，就煉製了最毒的藥，然後把蘋果放在裡面浸了兩天，蘋果因此含了劇毒。

王后化妝成老太太，帶了蘋果去找白雪公主，說要請她吃。白雪公主很高興，但才張口一咬，就臉色蒼白的昏倒在地上。王后大笑三聲轉身回宮。

七矮人傍晚回家時，發現公主倒在地上，身旁有一個蘋果，上面有著齒印和血跡。矮人們都圍著她跪下來，哭泣著。

最小的矮人忽然抬起頭說：「不要哭了，一定會有一個王子來親吻她，她就會活過來了。照傳統，都是這樣的。」

大家聽了，都把眼淚擦乾。他們決定，三個人留下來看守公主，四個人到屋外去迎接王子。

第二天清早，遠遠傳來馬蹄聲。躺在草地上睡著了的矮人們全都驚醒了。一位年輕的男人，穿著一身白衣，騎著白馬，向他們走來。

矮人們歡呼一聲：「來嘍！來嘍！」就牽著他的馬，向茅屋跑過去。

在屋子裡的矮人聽見聲音，也都跑出來，急忙把白衣男子拉下馬，推到屋裡去。

白衣男子著急的叫著：「喂，喂，你們幹什麼啊？」

他一進門，看見躺在地上一臉蒼白的白雪公主，就跪下身去，仔細看著公主的臉，和她身邊的蘋果。

矮人們催促他：「快點，快點！」

白衣男子：「幹嘛？」

「親她呀！她死了，你一親就會活過來的。」

「我瘋了啊？我幹嘛親她？我又不認得她。」

「可是你不是王子嗎？」

「誰說我是王子？」白衣人說：「你沒看到我的衣服嗎？我是牙醫啦！而且，誰說她死了？」他把公主的嘴弄開：「她一口蛀牙，一定是咬蘋果的時候，碰到牙齒，痛得都昏過去了。你看這個蘋果，上面還有牙印呢！」

「那該怎麼辦？」七矮人異口同聲。

「我要幫她補牙，你們得當我的助手。」白衣人說。

大夥忙了幾個小時，總算把公主的牙齒修理完畢。

公主甦醒了，矮人們連忙把事情的經過告訴她。白衣人說：「你們看，我比王子還有用吧！」

故事的最後說到白衣人在公主及小矮人的請求下留了下來為附近的人們看牙。而壞心的王后以為除掉了公主，滿心喜悅的向魔鏡求證。沒想到魔鏡說：「白雪公主沒死，不過她現在也算不得最好看的。第一名是波斯國的青青公主。」更糟的是王后已經落後到一百六十三名了。原來她為了煮毒蘋果，「熬了兩夜沒睡，臉色蠟黃，又被藥燻得長了一臉青春痘」，魔鏡因而勸她：「好好睡個覺，心情放輕鬆，多微笑」以恢復從前的美麗，因為它知道「沒有比仇恨和嫉妒更能破壞人的美麗了」。（孫晴峰改寫）

改寫後的故事在立意方面既豐富又新穎，確實富有現代意義。但就以前面抄錄的這一段而言，你可曾發現哪些不盡合理的地方？比方說蛀牙真的會讓人昏倒，而且昏倒這麼久嗎？如果只是昏倒而不是死了，為什麼小矮人看不出來（呼吸、心跳難道都停止了嗎）？蘋果既有劇毒，而公主也與它接觸過（上面有牙印和血跡），為什麼毒性一點都沒有發作？牙醫平時都帶著器械遊走四方的嗎？假使作者在這些地方多用點心，相信她的作品會更有說服力。

（改寫的故事，取材自孫晴峰著《炒一盤作文的好菜》）

(3)新異性：所謂新異，就是要跳出原有的格局，提供讀者新的意趣。簡單的說，就是要有驅動讀者好奇心的魅力。因此，如果只是局部更換若干枝節，像是將灰姑娘中的鞋子改成手套或戒指，便不能算是成功的作品。下面這則孫晴峰改寫自〈灰姑娘〉的故事，在找到灰姑娘之後的部分，做了相當程度變動，讀了確實讓人耳目一新。當不耐煩的王子看到剛從廚房出來，滿身油汙的灰姑娘竟然能恰好穿上那雙鞋時，驚訝得說不出話來，以為自己終於找到了要找的人。但此時侍衛卻質疑灰姑娘僅是湊巧腳與舞會中的女孩差不多而已，因而建議王子對眼前這個女孩做進一步的確認：

侍衛對王子說：「你要問什麼問題？」

王子回答：「問問題？什麼問題？」

侍衛：「我們現在要求證這位小姐到底是不是你要找的那位呢？」

「哦，這樣啊！」王子想了想：「請問你喜歡哪一個明星？」

侍衛嘆口氣：「哎！還是我來問吧！小姐，你還記得舞會那天王子穿什麼衣服嗎？你那天穿什麼衣服？」

結果灰姑娘不僅從容的說出答案（反倒是王子說：「都兩個禮拜了，誰記得那麼清楚」），還將王子下頜和左手臂上各有一顆痣的情形透露出來（可愛的王子竟然也從不知他下頜處有痣）。通過考驗後，王子伸過手來拉著灰姑娘說：「我們回皇宮結婚吧！」然而，灰姑娘的反應呢——

「慢著。你為什麼要跟我結婚？」

王子嚇了一跳：「什麼？」

侍衛說：「她問你為什麼要跟她結婚。這可真是好問題！」

王子說：「為什麼？因為你很漂亮啊！」

灰姑娘顯然不滿意這個答案，她認為婚姻還必須考慮彼此的個性、才能和相處狀況。但王子一意以為這些都不重要，重要的是她從此可以過著優裕的生活。灰姑娘卻絲毫不領情，她微笑的說：

如果你以為這樣就能滿足我，你可就大錯了。再說，我會紡紗、織布、做衣服、打掃房間、做菜、洗碗，你會什麼？

這一問，把王子問得又羞又惱地轉身離去。故事最後是這樣結束的——

侍衛對灰姑娘深深的一鞠躬：「你的美麗比起你的智慧與見識，真是太微不足道了。有機會的話，我可以常來看你嗎？」灰姑娘眨動著她圓圓大大的眼睛：「好呀！或許我們可以談談跳舞以外的事情呢！」

敘述觀點調整類的改寫，和前二者比較起來，工程小了很多。基本上，在情節的發展、人物的塑造，以至於主旨意趣等方面和原作之間不致有太大的出入，但在表現手法上就可以多做發揮了。當我們想要進行這類創作時，首先須要能分辨主客觀之間存在的差異。有句話說：「如人飲水，冷暖自知」，局外的我們或許可以依據常識經驗和飲水者的表情反應，揣測出水的冷暖，但冷到什麼程度，熱有什麼滋味，我們就很難代他傳達了。因此，如果我們將一篇客觀的第三人稱觀點的文章改易為主觀的第一人稱觀點時，就必須強化主體感受的部分。另一方面，主觀的敘述是以我為出發點，因此所有的感官經驗或認知都會因我的涉入而形成限制。以視覺而言，縱使沒有情緒的干擾，我所能見的範圍，總有所局限（不能同時瞻前顧後），但是如果轉換成第三人稱時，就往往能夠以局外人的姿態，照看到全面。

現在，我們以〈差不多先生傳〉和〈背影〉這兩篇文章為例，做較詳盡的說明。〈差不多先生傳〉是一篇以第三人稱觀點寫成的傳記。如果我們要將它改寫成一篇自傳的話，可做哪些嘗試呢？你可能會覺得把所有的「他」和「差不多先生」都換成「我」就行了。在我們做完這些替換工作後，你會不會發現有些地方變得突兀，特別是首尾的部分？像第一段在說完「提起此人，人人皆曉，處處聞名」後，若緊接上「我姓差，名不多……」，文意明顯不能聯貫，因為「此人」和「我」之間缺乏聯繫。我們可以配合前後文略帶嘲謔的語氣，補上一句：「你別往遠處瞧，是的，別懷疑，就是鄙人在下我。」可是，儘管我們做了這樣的補強工作，整段文字讀來還是令人覺得太過浮誇，因為絕少有人會如此自我吹捧。就算有人不自量力地以這種方式展現自己，只怕也會倒盡讀者胃口（除非他是特意以此虛誇的筆調吸引讀者注意）。

除了第一段的問題外，這篇文字在改寫成自傳形式後，必然有若干部分需要刪除或改動。像他得病到氣絕這段歷程，就絕不可以只將其中的「他」替換成「我」，因為此時差不多先生已身染重病，是不可能再為自己寫下任何東西了。由此可見，自傳寫作的時間限制上，是比他傳嚴苛多了。但如果我們把得病之後的各段均刪略掉後，這篇文章就似乎欠缺了結尾，這時可運用他臨死時所說的話改寫成下文：「我常想：人生在世才幾年，凡事只要差不多就好了，何必太認真呢？哪天我死了，我也會開心地告訴自己：活人同死人也差不多啊！」

以上針對首尾部分所做的處理，是為了使文字合理發展的必要性調整。但要使一篇改作具有創作性，就絕對不能只停留在這初步的工夫上。此時你不妨假想自己就是傳中的主角，然後進入每一次事件的情境中，將事件的經過發展和被責罵時心理的反應、對方的神態等部分做更細膩的描繪。比方媽媽叫他買糖的那件事，你可以加上買糖之前他原本正在做什麼；媽媽叫喚時他有什麼反應；而媽媽的叫喚中有哪些特別的叮嚀；那麼他到了商店後，是直接拿了白糖就跑，還是看到眼前各式各樣的糖時，一下搞迷糊了，在那兒左想右思後，決定買包白糖回去，然後很肯定地告訴自己：反正都是糖，管他紅的、黃的、白的；當然你還可以鋪敘當他帶著邀功的口吻把糖交給媽媽時，二者的衝突和反應——如果你是媽媽，你會怎麼罵這個糊塗的孩子呢！如果你是孩子，在走了半天路後，不但沒撈到一點獎賞，反而挨了一頓臭罵時，又怎麼向媽媽表示抗議呢？然而不管你想怎樣加料，都不可違背他「差不多、不計較」的性格特徵。

〈背影〉這篇文章的主要場景是浦口車站，作者寫自己從車廂內看著父親穿過鐵道為他買橘子的深情背影，從而讀懂父親的關愛和勞碌。文章是以第一人稱的方式來記述整個事件的歷程。如果現在我們換一個角度，假想自己置身於車廂，目睹這對父子的感人演出，你會怎樣記錄呢？和原文不同的，你是局外人，你眼中出現的人物相當多，為什麼後來你會將目光集中在他們身上，這一個背景的交代，是你必須添補的。這段文字的基本架構必須包含：什麼時間（月份、上下午等）、你因什麼事搭車前往何處、在車廂中你看到這對父子走進時的情景、什麼原因使你特別留意他們二人（可能是空間關係——如他們就坐在你對面或鄰座；也可能是二人的神態表情；或許是某個人的形象特徵——如父親的肥胖身材；也或許是他們彼此的對話……）、你如何判定二人間的關係……。補充完這些文字後，你就可以順著作者的脈絡，寫你眼中父子的言語動作。為了加強臨場感，你可將原作中簡化後的對話內容加以還原——那父親模樣的中年人手裡忙著將行李一件件往上搬，口裡則不停叮嚀道：「到了北京，別忘了立刻捎個信回來，好讓我放心。錢包要記得貼身收好，車上人雜，別教給扒了去。」「早晚天涼，記得要多加些衣服，那口棕皮箱裡有件呢大衣，睡覺時拿出來蓋在身上免得著涼。」……又見他堆滿了笑意地朝著茶房直拱手道：「茶房大哥，我這孩子年紀輕，沒見過什麼世面，一路上勞煩您多照應了」。在原作中，作者是直接表達了他對父親這些話語的反應，一旦改為第三人稱的敘寫方式，我們就必須藉由對兒子表情神態的刻劃，間接推想他此刻的反應——只見那年輕人漫不經心的答應著，眉峰一次次的高起，似乎抗議父親老是把他當做不能成事的小孩。

在買橘子那段中，原作側重寫父親上下攀爬的情景，改寫時則可分寫二人，並補強兒子目睹父親身影時的情緒變化——那中年人蹣跚走到鐵道邊，撩起棉袍和馬褂的下擺，慢慢探身下去。由於他是個胖子，身上又緊包著厚重的冬衣，獨撐在水泥平臺上的腿，吃力地顫晃著。看得年輕人的臉幾乎都要貼在車窗上了，眼裡寫滿了焦慮。突然見他直起身叫道：「小心！」原來他父親一腳踏上鐵道時，猛然失去平衡直向前傾，所幸另一腳及時收下才化險為夷。中年人穿過鐵道後，還必須爬上月臺，這對他的身材和年齡來說，實在不是件容易的事。只見他雙手攀著平臺的邊緣，很費力地將兩腳向上縮，可惜試了幾回都沒能讓右腳搆上月臺。我回頭看了看車內的年輕人，他潮溼的眼眶中，映著中年人那肥胖而向左微傾的身影。不多久，淚水就全都管不住了，他趕緊用手拭乾，收回視線，好像怕別人看見，也怕他父親看見。使了好大勁後，中年人終於爬上了月臺，揩了揩額上的汗珠，便和賣橘子的小販交涉起來。年輕人不再向外看了，他裝做若無其事地打量身邊的旅客，但是我看得出他的眼角不時想偷溜到窗外。中年人將買好的橘子兜在懷裡，望回走來。過鐵道時，他先將橘子散放在地上，自己慢慢爬下，再抱起橘子走。此時，車內的年輕人坐不住了，離開座位走向月臺，正好趕上拉他父親一把。……

以上三種改寫形式，在實際寫作時，也可同時兼用，只要拿捏好該有的分寸，改寫也不失為一種非常有趣的創作方式。你想不想試試自己造型的功力？

筆記欄

第1話 讀後感

看完一篇文章、或一段文字，寫下自己的心得，這就是讀後感。

讀後感和一般文章最大的不同在於：一般文章只有題目的限制，沒有其他的限制；而讀後感則是很嚴格的擺著一篇文字在那兒，規定作者一定要從這段文字出發，寫出自己的感受。所以，讀後感看起來比一般文章容易寫，但是比較不好發揮，要寫得好比較難。寫一般文章像跳舞，寫讀後感像做體操，跳舞的限制很少，舞者可以自由創作，盡情發揮，難度比較高，而創作的空間則比較大；體操有一定的動作，照著做便可以不出錯，但是要自由發揮卻很困難，創作的空間很小。

寫讀後感第一重要的是要把規定的原始素材看懂，千萬不能把原始素材的意思弄錯。這就好像廚師煮菜，錯把蘿蔔當冬瓜用，錯把鹽當糖來放，那就完全不對味了。

把原始素材看懂之後，接著當然是要構思，這段原始素材所表達的意思是屬於哪一種範疇，它要我們寫的讀後感是屬於抒情性的？記敘性的？還是議論性的？當然，一般而言，讀後感以寫成議論性的比例較高。

把原始素材思索清楚，把握住要表達的意義之後，接下來要寫的內容大致上和一般作文的差別不大。比較不同的是，在讀後感的第一段應該把原始素材所敘述的意思簡單扼要的講一遍，作為引子，也可以讓評閱者看出你到底弄懂原始素材的意思了沒？當然，如果你沒有把握弄清楚了原始素材的意思，那麼這一段敘述當然不可以寫，以免弄巧成拙。

我們用以下題目為例來說明讀後感的作法：

> 兩姐妹下汽車時，妹妹想起沒有票，打算補票。姐姐說：「算了吧，省幾塊錢也好。」妹妹說：「不補票，我的良心會不安的，老天爺也不會寬恕我。」說罷，補了票，再看找回的鈔票，高興地對姐姐說：「做事憑良心，一定有好報；你看，我給車掌小姐五塊錢，她找給我九塊！」
>
> 讀了上面這段故事，請你作一篇文章對此事加以評論。

在這一段故事中，姐姐當然是貪小便宜的人，毫無疑問。妹妹的行為似乎可以有兩種解釋，一般人一定認為妹妹是個為德不卒的人，起先她發現自己沒有買票，覺得良心不安，於是不管姐姐的勸阻，一定要補票。但是補完票之後，發現車掌小姐錯把她給的五塊錢當十塊錢，找給她九塊，多找了五塊錢，這時妹妹卻昧著良心把這多找的五塊錢收下來，不肯退回給車掌。這就顯示著一個人為德不卒，前面堅守道德理想，後面卻全面棄守。但是，我們也不太能理解，為什麼妹妹前面表現得這麼有道德良知，不到幾分鐘卻表現得那麼無恥，前後判若兩人，而這種轉變卻沒有任何理由，這也不太像一個正常人所應有的行徑。所以是否有另一個解釋：妹妹是有道德良知的人，但她對公、私的分際不了解，所以該她買的票，她如果沒有買，那麼她會覺得良心不安；但車掌小姐找給她的錢，在她的心中想，那錢不是車掌小姐的，而是公家的，所謂公家，就是不知道是誰的，因此車掌小姐找錯的錢，妹妹可以心安理得的收下來。

這兩個可能，哪一個對呢？當然，第一個也不是不可能，一般普通人往往是有限的道德主義者，他們不會把道德看得比天還大，因此只有在能遵守的時候遵守，能不遵守的時候也就含混過去了。或者有時候遵守，有時不遵守，沒有一定的原則。平凡人嘛，就是這樣，因此本文不妨從這一個觀點先寫起。

道德是人類社會生活的規範原則，只要有人類社會，就會有道德，所以國父曾說：「有道德始成世界，有道德始成國家。」由此可見道德的重要。

人類雖然生有「人性」，但是道德還是要經過後天不斷的訓練才能養成，在西方曾經發現一個「狼人」，他生下來後就被拋棄在森林中，卻幸運地被狼收養。等到十幾歲後又被人類社會發現，重新帶回人類社會。這個狼人雖長得像人，但是只會狼的動作，嚎叫、飲食，種種習性和狼完全一樣，根本看不出人類的習性，更不要說具有人類的道德了。由此看來，雖然生而為人，但是如果沒有經過後天的培養，還是無法具有人類的道德的。

理論上，人類道德的訓練越久，道德的成效也會越大。曾子曾說：「吾日三省吾身，為人謀而不忠乎？與朋友交而不信乎？傳，不習乎？」孟子也說：「君子有終身之憂，無一朝之患。」古代的聖賢們所以這麼朝乾夕惕，就是因為他們知道，道德修養是要時時刻刻進行，不可以有一日中斷的。曾子將去世時，告訴在旁的人說：「啟予手，啟予足，而今而後，吾知免乎。」意思就是說，我現在要去世了，我的一生，道德修養做得很好，我去世以後，可以保證我不會犯錯了。這種修為在有些人看來，也許會覺得很迂腐，但是它確是完美的人格典型之一。然而，道德修養如果不能堅持到底，也就是為德不卒，那麼這種人行事一定不能堅持理想，不可能完成偉大的任務。試題中的妹妹，她的行徑就是道地的為德不卒。同樣是不義之財，該交的車票錢沒有交，良心會覺得不安；但是車掌多找的錢，該退還而沒有退還的，為什麼就不會覺得心不安呢？人類做事情如果有兩個標準，那麼怎麼可能得到別人的信任呢？不能得到別人信任的人怎麼可能成功呢？由試題中的故事，我們可以體會到，一個為德不卒的人，只會招來世人的不齒與輕視。

以上是從第一種觀點來寫讀後感，一般人能寫到這個地步就算不錯了。但是，如果我們想要再寫得深入些，那麼我們可以從第二個觀點再往下談：

其次，妹妹為什麼會「同樣是不義之財，該交的車票錢沒有交，良心會覺得不安；但是車掌多找的錢，該退還而沒有退還的，卻不會覺得心不安」呢？我們也會覺得很納悶。題目中的妹妹在同一個時間表現出差異這麼大的兩種道德觀，這恐怕未必是用「為德不卒」就可以解釋的。或許這牽涉到我們傳統公私不清的認知問題。

一般人對私人的財務分得很清楚，但是對於公家的財務觀念卻不大清楚，總會認為那是沒有人的。所以我們的社會中有人私墾公有的河川地，而不覺得是竊占國家財物；許多高爾夫球場私自開挖附近的國有地來擴大自己的球場，他們也不認為這是竊占國土，因為這是公家的，既是公家的，那也就是人人有分了。所以辦公室的文具，許多人可以隨手帶回家；商家附近的公有馬路，許多人可以霸占住，做自己的生意；銀行、合庫、農會的公款，某些特權分子可以違法超貸，最後變成呆帳，由全民來共同攤還。因為，這些都是公家的嘛！

一般人的私德可以做得很好，但是公德卻非常欠缺，所以有時會發現有些人的房子裡面可以整理得很好，但是門口一定鞋子成堆，雜亂不堪，戶外一定遍地垃圾，蚊蚋孳生。

題目中的妹妹的行為看來只是個人的一個小動作，但是若人人皆如此各自其私，各取其利，誰又願意為全體公益著想、盡力呢？如此一來，只會造就一個貪婪混亂的社會。劉備對他的兒子說：「勿以善小而不為，勿以惡小而為之。」事實上，道德善惡只有是非問題，沒有大小問題，小德不修，大德也不會立。小時偷球，大時偷牛，因為偷的本質是一樣的。題目中的妹妹的行徑，也許今天只是貪五塊錢，但是不知道哪一天，她貪的可能就是五百億，因為貪的本質也是一樣的，我們怎能輕忽呢？

文章寫到這個地步，剖析得應該也夠深入了。讀後感雖然限制比較大，但是只要我們把題目要我們表達的意思弄清楚了，那麼深入發揮的天地還是蠻寬闊的，關鍵在我們能不能認真的去學習罷了。

筆記欄

第12話 設定情境

設定情境即訓練學生寫作時，情境要統一集中，層次分明，達到凸顯主題的效果。

以馬致遠寫〈秋思〉的作品為例：

枯藤、老樹、昏鴉。
小橋、流水、平沙。
古道、西風、瘦馬。
夕陽西下，
斷腸人在天涯。

（馬致遠〈天淨沙〉）

整首小令由空間至時間，由景發展至情；而經由「枯」藤、「老」樹、「昏」鴉、「古」道、

「瘦」馬，加上西風蕭蕭，日薄西山，塑造出淒涼衰颯的氣氛，使天涯旅客不禁動容神傷。反觀白樸的小令：

孤村落日殘霞，
輕烟老樹寒鴉，
一點飛鴻影下。
青山綠水，
白草紅葉黃花。

（白樸〈天淨沙〉）

前三行中「孤」村、「落」日、「殘」霞、「老」樹、「寒」鴉，構成衰老破敗的氣氛；後兩行中「青」山、「綠」水、「紅」葉、「黃」花，則形成明朗亮麗的色調；結果情境無法統一，讀來突兀扞格，前後相當不協調。

所謂「一片風景，一片心情」。塑造情境，首先要氣氛一致，不可蕪雜割裂。以春天來時，草木欣欣向榮為例：

盼望著，盼望著，東風來了，春天的腳步近了。

一切都像剛睡醒的樣子，欣欣然張開了眼。山朗潤起來了，水長起來了，太陽的臉紅起來了。

小草偷偷地從土裡鑽出來，嫩嫩的，綠綠的。園子裡，田野裡，瞧去，一大片一大片滿是的。坐著，躺著，打兩個滾，踢幾腳球，賽幾趟跑，捉幾回迷藏。風輕悄悄的，草綿軟軟的。

桃樹、杏樹、梨樹，你不讓我，我不讓你，都開滿了花趕趟兒。紅的像火，粉的像霞，白的像雪。花裡帶著甜味，閉了眼，樹上髣髴已經滿是桃兒、杏兒、梨兒。

（朱自清〈春〉）

（例 二）

你看，在山上，草綠得不一樣了，起先是淺淺的，好像綠得不太好意思似的，後來就一大蓬一大蓬，理直氣壯地壯著膽子綠起來了，然後就一不作二不休地綠得滿山滿谷。樹也不一樣了，你好像可以聽見樹醒了，咕嘟咕嘟的在喝地底下的泉水，（忽然活潑起來，忘了背上的重量）喝完了，就伸伸懶腰，（比劃）往這邊這麼一伸，就長出一根新枝子，往那邊那麼一伸，又長出一根新枝子，新枝子們一天一個樣子，害得我老是走迷路。

（張曉風《武陵人》）

前面例一中將「小草」、「桃樹」、「杏樹」、「梨樹」分別擬人化，於是在「從土裡鑽出來」、「坐著，躺著，打兩個滾，踢幾腳球，賽幾趟跑，捉幾回迷藏」、「你不讓我，我不讓你」的律動中，交織成生機盎然的世界。例二中亦分別將「草」、「樹」擬人化，同樣在「理直氣壯地壯著膽子綠起來了，然後就一不作二不休地綠得滿山滿谷」、「樹醒了，咕嘟咕嘟的在喝地底下的泉水，喝完了，就伸伸懶腰，往這邊這麼一伸，就長出一根新枝子」的律動情境中，描繪出生機蓬勃的畫面。如果例二中將樹寫成：

樹仍在睡，灰綠的臉孔看來一副無精打采的模樣，樹枝軟弱地垂了下來，非常疲倦。

則和前面的「草綠得不一樣了，起先是淺淺的，好像綠得不太好意思似的」情境，無法統一起來。

其次，塑造情境要能配合主題，前後一致。不同的主題，自然有不同的情境。以描寫杜鵑花為例：

（例一）

一鍋杜鵑被地氣熬了一個冬天，三月裡便忍不住沸沸揚揚起來，成日裡噴紅濺紫，把一座死火山開成了活火山。我每走過盛放的杜鵑都忍不住興起一分自衛本能，因為害怕，怕自己有什麼脆弱的部分會被燙傷或灼傷。

（張曉風《我在．沸點及其他》）

（例二）

當暮春時節，整個田園大地的舞臺上，正出現淡季的時候，杜鵑便以一種轟然澎湃的氣勢和豪華壯觀的場面，浩浩蕩蕩地登臺了；於是，天地上下便無一不是杜鵑的聲光色影。

那一大片雪白水紅與錦紫的氾濫，往往震懾了所有慣於低首疾行的人，使他們的眼睛再也不能視若無睹；步履，再也無法匆忙快速。

（陳幸蕙《群樹之歌．杜鵑》）

前面例一寫杜鵑花盛開的樣子：「沸沸揚揚起來，成日裡噴紅濺紫」，作者自己都被杜鵑花旺盛的生命力嚇到。例二也是寫杜鵑花的盛開場面：「一大片雪白水紅與錦紫的氾濫」，震懾了行人的眼睛。二個例子都統一在杜鵑花繽紛熱鬧的氣氛上。至於：

（例一）

母親說過，舅媽是個神經極衰弱的女人，一輩子專愛講鬼話。當我走到園子裡的時候，卻赫然看見那百多株杜鵑花，一毬堆著一毬，一片捲起一片，全部爆放開了。好像一腔按捺不住的鮮血，猛地噴了出來，灑得一園子斑斑點點都是血紅血紅的，我從來沒有看見杜鵑花開得那樣放肆，那樣憤怒過。

（白先勇《臺北人・那片血一般紅的杜鵑花》）

（例二）

就在那濃密羅蓋的頂端，盈盈亭亭，怕不有幾百朵盛放的杜鵑花，花瓣通體似雪玉一般，無一絲雜色，卻恰恰在花蕊微露的部位，有一小汪殷紅。從我所站的這個角度看去，這成百上千朵晶瑩白潤的杜鵑花，簡直就像是個個含著一口又濃又腥的鮮血，從那麼多的咽喉裡蠕動著，迂緩而無從堵塞地湧流出來。

（劉大任〈杜鵑啼血〉）

前面例一描寫杜鵑花「好像一腔按捺不住的鮮血，猛地噴了出來，灑得一園子斑斑點點都是血紅血紅的」，表面上看起來太悚人聽聞，使人驚心動魄；但作者有意在此藉這樣的比喻，塑造出詭麗的情境，暗示杜鵑花和死者正雄的關係，給人魅影重重的感受，因這些杜鵑均是正雄生前一手照顧的。例二中用「個個含著一口又濃又腥的鮮血，從那麼多的咽喉裡蠕動著，迂緩而無從堵塞地湧流出來」描寫杜鵑花，同樣給人陰森恐怖的印象，卻可以用來暗示細姨劫難的一生。因為這些杜鵑正是患重病的細姨在療養院中所照顧的。可見在描寫時運用比喻，仍必須配合主題，形成整體一致的氣氛。

最後，設定情境要層次分明，有條不紊。以王鼎鈞作品為例：

（例　一）

現在，將來，我永遠能夠清清楚楚看見，那一方陽光鋪在我家門口，像一塊發亮的地毯。然後，我看見一只用麥稈編成、四周裹著棉布的坐墩，擺在陽光裡。然後，一雙謹慎而矜持的小腳，走進陽光，停在墩旁，腳邊同時出現了她的針線笸。

一隻生著褐色虎紋的狸貓，咪嗚一聲，跳上她的膝蓋，然後，一個男孩蹲在膝前，用心翻弄針線筐裡面的東西，玩弄古銅頂針和粉紅色的剪紙。那就是我，和我的母親。

（王鼎鈞《碎琉璃・一方陽光》）

（例二）

一切要從那口古鐘說起。

鐘是大廟的鎮廟之寶，鏽得黑裡透紅，纏著盤旋轉折的紋路，經常發出蒼然悠遠的聲音，穿過廟外的千株槐，拂著林外的萬畝麥，薰陶赤足露背的農夫，勸他們成為香客。

（王鼎鈞《碎琉璃・紅頭繩兒》）

前面例一中以像塊發亮地毯的一方陽光為舞臺，先介紹道具，由坐墩、小腳、針線筐、狸貓，最後帶出人物，亦即整個敘述的重心：男孩和母親。例二以鐘為敘述重心，先描寫它的色澤、紋路，而後由鐘聲開展，由廟外至林外，再至林外田中農夫身上，空間的發展上由近而遠，井然有序。又如：

（例一）

夜色迷濛中，果然矗立著一大排未完工的大廈。我站在約莫是從前六號的遺址。定神凝睇，覺得那粗糙的水泥牆柱之間，當有一間樸質的木屋書齋；又定神凝睇，覺得那木屋書齋之中，當有兩位可敬的師長晤談。於是，我彷彿聽到他們的談笑親切，而且彷彿也感受到春陽煦暖了。

（林文月《作品．溫州街到溫州街》）

（例二）

大雨勢如萬馬奔騰，掩去了天日，雨點落在他的髮梢，落在他的鼻頭，落在他的大腿，落在他朝勤妹揮動的手臂上，落在眼前那片廣瀚的，混沌的，生機盎然的禾苗上。

（莊華堂〈土地公廟〉）

前面例一寫站在未完工的水泥牆柱間，回想以前的木屋書齋，繼而由此想起曾在其中晤談的兩位師長，復而想起師長談笑的親切場面，可說層層逼進。例二寫大雨落在他身上，就垂直來說，由髮梢、鼻頭、大腿；就平面來說，由揮動的手臂至眼前禾苗，正屬十字展開的敘述。

綜上設計情境的原則，底下以「窗」為題，寫出白天窗口所見的情景。如：

（例一）

我愛房子裡的每一扇窗。在家的日子，我喜歡把窗打開，讓亮麗的陽光照進來，帶來光明和溫暖；讓微風吹進來，帶來花的香氣和大自然的訊息。風使窗口掛著的風鈴響起，讓輕快愉悅的音符，流淌在屋子裡每一個角落；汙濁的空氣消散了，新鮮的空氣迫不及待的湧進來。

（林少雯〈窗〉）

（例二）

我的房間有一扇窗，對著滿園的綠意，可以採集陽光，也可以採擷一切美好的事物。清晨的陽光總是在窗外探頭，要想知道我在做些什麼，有時索性偷偷地溜了進來，堂而皇之的佇足於案前，燦爛奪目的陽光，輕柔的微風，更將大地點綴得豐盈而美麗。

（熊祥秀〈窗〉）

前面例一由外而內，寫陽光、微風進來，帶來花香，吹動風鈴，湧進新鮮空氣，充滿愉悅的感覺。例二以陽光為主，將陽光擬人，刻劃出活潑情景。只是「輕柔的微風」擺在最後，未多加著墨，令人覺得有些突兀，如果改為：

清晨的陽光和輕柔的微風總是在窗外探頭探腦，要想知道我在做些什麼；有時索性偷偷地溜了進來，堂而皇之的佇足於案前，使得房間一片燦爛，一片清涼。

則比原先的情境更為統一。而透過以上的比較，相信各位同學在設計情境上會掌握得更精準、更明確。

筆記欄

第1話3 短文訓練

短文訓練常見的方式有三：一、詞語應用，訓練學生連貫、統一的能力。二、擴寫，訓練學生觀察、渲染、引申的能力。三、縮寫，訓練簡潔、扼要的能力。

一、詞語應用

詞語的應用寫作，表面上看起來很簡單，似乎任意揮灑，一蹴即成；但實際上寫起來，仍是「看似平常最奇崛，成如容易卻艱辛」。因為整段文字必須語意連貫，言之有序；情境統一，言之有物。以「人生」、「多采多姿」、「絢麗輝煌」、「主角」、「配角」為例，寫一篇短文，詞語次序可以任意安排。如：

希望每一個人的（人生）之網都是（多采多姿）、（絢麗輝煌）的。有人說：「人生如戲」。如果你不想在自己的人生舞臺充當（主角），那你必然要成為別人舞臺上的（配角），甚至甚麼都不是的龍套角色。朋友，你願意充當這樣的人物嗎？

（王靖芬）

當然，你也可以寫成：

在（人生）的畫布上，誰都想畫上（多采多姿）、氣象萬千的風景；在人生的舞臺上，誰都想擔任（絢麗輝煌）、眾人注目的（主角）。如此一來，誰要來當（配角）呢？

其次，當語詞和語詞間無法很快的串連起來，可以考慮運用比喻，將看似沒關係的語詞加以整合起來。如以「浩瀚大海」、「迷失方向」、「世界」、「成功」、「軀殼」為例：

如果把人生比喻成一葉航行在（浩瀚大海）中的小船，那麼志願就是一座明亮的燈塔，使我們在這一片蒼茫中，不至於（迷失方向），無所適從，進而航向（成功）的彼岸。反過來說，一個人活在（世界）上，若沒有確立起志向，那麼他頂多只像一具空有（軀殼）而沒有靈魂的僵屍一般，生活漫無目的。（周俊彥）

其中「浩瀚大海」、「軀殼」即分別用在「把人生比喻成一葉航行在浩瀚大海中的小船」、「沒有確立起志向，那麼他頂多只像一具空有軀殼而沒有靈魂的僵屍一般」的比喻中。

又以「現在」、「信心」、「自我挑戰」、「指南針」、「試金石」為例：

朋友，捨取（信心），向（自我挑戰）吧！打破從前的不良紀錄，就從（現在）開始。把挑戰當（指南針），失敗當（試金石），勇敢地向自己挑戰。（徐綺憶）

其中「把挑戰當指南針，失敗當試金石」的比喻，十分鮮明、工整，讓整段文字讀起來很有力量。

二、擴寫

擴寫的訓練，首先由觀察入手。尤其在描物寫景上，細心觀察，必能體物入微，勾勒出景物的特質、神態。同樣描寫植物園中雨珠落在荷葉上：

（例一）

雨勢不大的陰天，走進科學館的旋轉門，只要稍微左顧右盼一下，兩岸池塘荷葉上小水珠的晶瑩剔透，全盡入眼簾。就因為雨勢不大，水珠在青葉上先是滴溜溜轉，然後慢慢在葉心凝聚，由小滴而中粒，由中粒而成大顆，最後大到荷葉再也無力承受了，葉面一傾，美如鑽石的水珠咕咚一聲一傾入池。這樣周而復始，常使我佇立池旁，久久不忍離去。

（韓韓〈植物園就在你身邊！〉）

（例二）

那帶刺的荷莖，纖細，修長，勁韌，撐住一頂荷葉，圓似斗笠，葉心是一個小盆地，向天空攤開，承受雨水，承受陽光！天雨的時候，我曾見那葉心的水珠如水銀，越集越大，而後荷葉一側垂傾，水珠如銀色瀑布，淌入較下的荷葉；較下的荷葉承接了，葉緣一傾，將銀汁注入再下的一葉；再下的一葉承受了，巍巍堅持了一刻，又一彎腰，將來自天上的雨水注還盈盈的池塘，發出那灌水的悠閒音響。

這時帶刺的荷桿滿富彈性，把肥大的荷葉撥回原處，依舊攤開胸懷，承受著天，雲，雨，露，和微風。（顏元叔〈荷塘風起〉）

前面例一中描寫水珠在葉心凝聚，而後咕咚一聲，掉入池中，例二則細寫從凝聚到掉入的過程：「荷葉一側垂傾，水珠如銀色瀑布，淌入較下的荷葉；較下的荷葉承接了，葉緣一傾，將銀汁注入再下的一葉」，於是整段文字顯得細膩生動。可見仔細觀察，是擴大寫作的首要訓練。

其次，結合排比、比喻等技巧，可以衍申語意，加強說明。如描寫樹，只說：

樹的姿態各個不同，千變萬化。從長出綠葉到開滿了花，再從開滿了花到結滿了果實，都給人不同的感受。

顯得太簡單了。這樣的描寫，到了梁實秋的手裡，則變成：

樹的姿態各個不同。亭亭玉立者有之，矮墩墩的有之，有張牙舞爪者，有佝僂其背者，有戟劍森森者，有搖曳生姿者，各極其致。我想樹沐浴在熏風之中，抽芽放蕊，它必有一番愉快的心情。等到花簇簇，錦簇簇，滿枝頭紅紅綠綠的時候，招蜂引蝶，自又有一番得意。落英繽紛的時候可能有一點傷感，結實纍纍的時候又會有一點遲暮之思。

（梁實秋《雅舍小品．樹》）

對樹的姿態進而加以排比刻劃，比喻形容：「亭亭玉立者有之，矮墩墩的有之，有張牙舞爪者，有佝僂其背者，有戟劍森森者，有搖曳生姿者」，一下子內容就擴大起來，樹的形象也更加豐富生動起來。又如描述一位力求上進的同學，只寫道：

我有一位力求上進的同學，他正像一顆鑽石，雖然亮光四射，卻是虛懷若谷；雖然滿腹經綸，卻還是不停的力求上進。

已經算是行文通暢，語意清晰。但如果再加上比喻，擴大描寫成一百字左右：

最閃亮的鑽石，是被包藏在深深的岩石裡頭；最重要的動力——石油，是被埋藏在深深的地層底部。我有一位力求上進的同學，他正像一顆鑽石，雖然亮光四射，卻是虛懷若谷；雖然滿腹經綸，卻還是不停的力求上進。（李竹君）

一開始即用「最閃亮的鑽石，是被包藏在深深的岩石裡頭；最重要的動力——石油，是被埋藏在深深的地層底部」加以比喻形容，整段文字顯得更精采。像這樣的手法確實值得好好掌握。又如勸一個人不要害怕挑戰，只寫道：

不要害怕受傷！懦弱的人只會被競爭的社會淘汰。要做疾風中的一枝勁草，不要做溫室裡的一朵花。

可以再透過排比加以引申，擴大成一百字左右的短文：

不要害怕受傷！懦弱的人只會被競爭的社會淘汰。要做疾風中的一株勁草，不要做溫室裡的一朵花！不要讓自己瑟縮在自卑的陰影裡。不要怯於嘗試，不要輕言放棄，更不要理會旁人幼稚無知的嘲弄。你沒有去做，怎麼知道你不會？

於是在「不要怯於嘗試，不要輕言放棄，更不要理會旁人幼稚無知的嘲弄」的強調說明下，這段勸人迎向挑戰的文字變得更具說服力。

三、縮寫

如果說擴寫訓練是演繹法的發揮，那麼縮小訓練則是歸納法的運用。由演繹而擴大，是在枝幹上添花增葉，形成枝葉茂密，綠意盎然的畫面；而歸納縮小，則是像大風吹來，花葉盡落，留下主要枝幹。

縮寫的要領在於抓住行文脈絡，將渲染的情境簡化，使人一目瞭然。如：

> 我喜歡在春風中踏過窄窄的山徑，草莓像精緻的紅燈籠，一路殷勤的張結著。我喜歡抬頭看樹梢尖尖的小芽兒，極嫩的黃綠色中透著一派天真的粉紅——它好像準備著要奉獻什麼，要展示什麼。那柔弱而又生意盎然的風度，常在無言中教導我一些最美麗的真理。
>
> （張曉風〈我喜歡〉）

作者主要的意思只有兩句：「我喜歡在春風中踏過窄窄的山徑」「我喜歡抬頭看樹梢尖尖

的小芽兒」。又如：

那個午後，我與一位老教授同在室內安安靜靜地各做各事。我忙於預備大一國文的教材，教授似乎在為他的論文翻查資料。他的桌面堆滿許多書籍。我看見他佝僂著上身，將眼鏡放置於一邊，臉面幾乎觸及那些線裝的古典書籍。過了很久，他忽然起身臨窗眺望。我不能確定教授是否在看樹，但是，以窗框為際限，對面樓房的古老磚瓦與雲天枯枝為襯托，那清癯的背影，如一幅寓意深刻的畫，令我感動，至今印象鮮明。

（林文月《午後書房．樹》）

文中主要的意思在於：我與一位老教授在室內工作。過了很久，他臨窗眺望，清癯的背影在窗外古老磚瓦與雲天枯枝的襯托下，令我至今印象鮮明。可見縮寫是將文中的細節刪去，剩下主要的情節大要；讓充滿情意、想像的描繪，變成較平和、扼要的敘述。底下以余秋雨〈老屋窗口〉為例，縮成五十字以內的短文。

窗外是茅舍、田野，不遠處便是連綿的群山。於是，童年的歲月便是無窮無盡的對山的遐想。跨山有一條隱隱約約的路，常見農夫挑著柴擔在那裡蠕動。山那邊是什麼呢？是集市？是大海？是廟舍？是戲臺？是神仙和鬼怪的所在？我到今天還沒有到山那邊去過，我不會去，去了就會破碎了整整一個童年。我只是記住了山脊的每一個起伏，如果讓我閉上眼睛隨意畫一條曲線，畫出的很可能是這條山脊起伏線。這對我，是生命的第一曲線。

（余秋雨《文化苦旅．老屋窗口》）

可以寫成：

童年的歲月便是對窗外群山的無盡聯想，我到今天還沒有到山那邊去過。我只是記住了山脊每一個起伏的曲線。

其次，遇到排比、對偶的敘述，均可以化繁為簡，以單句敘述。今將底下段落縮小成五十字以內的短文。如：

「將要最美」的道理，也可以比況人生一切的滋味，如果人生是一段航程，張滿希望的帆檣前進，比抵達了目的地還要有趣；如果人生是一場花季，蓓蕾初成，人心最樂，一旦濃春爛漫，反有了「末路易衰」好景不常的感喟，所謂「老翁慣有飛花感，怕見濃春爛漫時！」這也就是因為快樂生於「不足」的「將要」，而憂懼卻生於「有餘」的「已然」呀！

（黃永武《愛廬小品．遊山如讀書》）

可以縮寫為：

「將要最美」的道理，可以比況人生的一切滋味。不管是喻為航程或花季，只有「將要」才能產生快樂，「已然」反而使人憂懼。

又另如：

閒是一種浪漫的藝術，一種虛白的涵養。可惜許多人視浪漫之閒為浪費，虛白之涵養為虛無，不知閒之無窮妙用。殊不知能閒，才能使盲目塵封心靈重新睜亮放光，才能使茫然高速的前衛重新擦亮意義的標竿；從而用志凝神，看見以前未見的美感形相，聽見以前未聽的悅耳之音，思索以前未思索的生命課題；從而猶如封閉屋宇裝設一扇扇天窗，迎向湛湛青天，生命不再是纍纍勞累的「唉」，而是一串驚喜、寬和的「嗨」！

（張春榮《青鳥蓮花．說閒》）

可以縮寫成：

閒是一種浪漫的藝術，妙用無窮。能閒才能睜亮心靈之眼，確定前衛的方向，發現以前沒有注意到的世界，讓生命充滿驚喜。

最後值得一提的是，不管再怎麼概括、濃縮、精簡，仍以忠於原文為主，不可改變原來段落的大意。否則，縮寫變成自說自話，則無法達到短文訓練的目的。

第14話 日記

一、關於「日記」

「日記」是一個人日常生活、工作、學習、思想的紀錄。每個人心中多少都會潛藏一些不欲為人知的隱私，透過自我為中心，把生活中的所見所聞、內心的感想、疑慮、焦悶、歡樂、憤懣或悲傷，不願公諸於父母朋輩，只想獨自消受時，「日記」便是最好的傾訴對象。

日記不僅是所思所感的蓄藏庫，也是學習寫作的重要試金石。由於它長短不拘、形式靈活、表現方式多樣，完完全全可以「獨抒性靈，不拘格套」，不像其他宏文大論，必須顧及結構完整、觀點平正等負擔，因此，寫日記可說是提高作文能力最自然而有效的方法。

中國人從什麼時候開始寫日記？這個問題是不容易回答了。不過，今人校注的宋代政治家兼史學家司馬光日記，該是現存最早的日記吧！至於近代，如清人譚獻《復堂日記》、黃淳耀《甲申日記》、李慈銘《越縵堂日記》、錢大昕《竹汀日記》，而現代作家中，胡適、魯迅、郁達夫、徐志摩、夏濟安等人的日記，也都曾在生前發表或死後被挖掘出來，公諸於世。後人公開前賢的日記，並不是存心揭露逝者的隱私，而是想藉此種最真實的紀錄，尋訪作家心靈深處潛藏的奧祕、至誠至真的性情。至於其中涉及的詩文品評、人事動態、時勢感懷……，說明日記的價值，不僅是文學的，也是史學的。

二、日記的內容

日記要記些什麼？這是許多人感到困擾的問題。不少人都有寫日記而中輟的經驗，主要原因便是認為無事可記。太陽每天從東邊升起，西邊落下，即使有新鮮事、新感觸，也不是經常有，每天要掏出一些東西來記，有時真不免有腹笥窘迫之感。

其實這是寫日記的人給自己太重的負擔，革命起義、登陸月球等大事固然可記，個人生活中的雞毛蒜皮也未嘗不可記。我們不妨先看胡適記於西元一九一一年（民國前一年）「在康乃爾大學農學院的日記」中的片段：

△十月十二日（星期四）

上課。聞武昌革命軍起事，瑞澂棄城而逃，新軍內應，全城遂為黨人所據。

△十月十三日（星期五）

作英文記一篇。上課。

革命軍舉諮議局長湯化龍為湖北總督；黄興亦在軍，軍勢大振；黎元洪為軍帥。

△十月十四日（星期六）

上課，種果學野外實習。

武昌宣告獨立。北京政府震駭失措，乃起用袁世凱為陸軍總帥。美國報紙均袒新政府。

△十月十五日（星期日）

康伏特教授有聖經課。

起用袁世凱之消息果確，惟不知袁氏果受命否耳。漢口戒備甚嚴，念大哥與明姪在漢不知如何？

△十月十六日（星期一）

上課。夜溫習地質學與化學，以明日有小試也。

△十月十七日（星期二）

上課。地質學小試，化學小試。下午地質學野外實習，至湖上，還至鬼頭山而歸。相傳袁世凱已受命，此人真是蠢物可鄙。

△十月十八日（星期三）

上課。作一書致本校圖書館長，論添設漢籍事。聞有兵輪三艘為新軍擊沉於江中。

△十月十九日（星期四）

上課。昨日漢口之北有小戰，互有殺傷。下午《神州日報》到，讀川亂事，見政府命岑春萱赴漢之諭旨，有「岑某威望素著」，又「岑某勇於任事」之語，讀之不禁為之捧腹狂笑。

日記內容大抵先記作者求學上課情形，再記錄中國政治動態，充分表現書生對時局之關懷。從另一角度看，武昌起事乃是當時震鑠海內外之大事，因此，即使作者負笈重洋，仍是每日牽繫的話題，而於日記中時時觸及。

文人日記亦有專記讀書心得者，內容等於是閱讀劄記，如譚獻《復堂日記》。茲錄數條於下：

九月下旬，自安慶回治所，病未已，復治諸子，校《呂氏春秋》畢。百家並起，呂氏之客挾以干時，而不韋以所學裁之。採莊、列之言，非莊、列之理；用韓非之說，殊韓非之恉。

閱《顏氏家訓》。南人入北，顏生可謂學者，持論最正，宅心最平。

閱《郁離子》，深識遠見，稱心而言，所謂有本有文也。

《復堂日記》多未明確標示日期，大概是因為其中所記內容，與日期、時間不太有關涉之故。其中對古籍的評騭，往往於隻言片語中見洞識，因此歷來頗受學者注意。

至於一個中學生的日記，可以記些什麼呢？材料其實俯拾即是，諸如：上下學途中的特殊事件、課堂上的趣事、一週的讀書計畫、考試前後的心情與反省、假日的休閒活動情形或課外閱讀心得、與同學或朋友相處情形、家居生活的特殊事件等等，無一不可成為日記的題材，只要稍加留心，每天必然可以尋出值得記錄的事，而不愁沒有內容可寫。

三、寫日記的注意事項

作為近似個人內心「獨白」的性質，「日記」可說是最不須講究寫作要領的文體，然而由於它在內容與形式上的特質，寫作時有必要注意掌握幾項原則：

㈠真誠：日記的最大特色與價值，便是內容的真誠。夏濟安曾在日記中說：「我在南京時即開始記日記，已有十年歷史，其間大致並無間斷，將來自己翻閱，必很有趣。可是我很不願意讓別人看見。到內地來以後的幾本，我已從重慶帶來；上海還有幾本，將來當設法保藏。」正因為日記是寫給自己將來看的，因此沒有必要在內容上摻假、掩飾，來欺騙自己。在日記中儘可解剖自己的弱點，檢討自己的行為，抒發自己的憤怒，真實誠懇地面對自我。暫時拋開社會禮儀規範和層層偽裝，日記就像纖塵不染的明鏡，像山澗清澈的小溪，是真我性靈歇腳的地方。周作人承認自己作文章時「覺得有點做作」，因此格外欣賞別人真誠的日記，日記的可貴正在這裡。

㈡靈活：日記的寫法以靈活多變為準據，寫日記最忌刻板的形式、單調的素材。舉例來說，日記主文之前依例先記年、月、日、星期、天氣，每天記這些，久了不免乏味，這時便不妨改換為英文、日文，甚或其他語文來記錄，既可增進學習效果，又可克服倦怠感。至於主文部分，更須講求靈活生動，且應表現自己的創意與特色，每天所記的事不要太多太雜，最好只記一、二件事；事件的經過原委固然當記，更重要的是對整個事件的感想、看法。白天的事情固然可記，晚上的夢境亦未嘗不可記，如黃淳耀的《甲申日記》中，便記有：「夜夢見錢生孺飴，又自篆一圖章曰江夏鄙生」、「有夢不記」、「夢雜」等等，成為日記中少見的特色。總之，寫日記既無固定格式，則靈犀所至，意到筆隨，翻騰變化，純任我心，如此，才能提高寫作的興味。

㈢簡潔：一個人每天花在寫日記的時間，短則十分鐘，長亦很少超過半小時，以如此有限的時間，自然不容許行文拖沓累贅、廢話滿紙，而必須一語中的、簡潔明晰。劉勰在《文心雕龍》中教人：「句有可削，足見其疏；字不得減，乃知其密。」又說：「善刪者字去而意留，善敷者辭殊而意顯。」可見追求「簡潔」要以不妨害意思的表達為前提，而簡潔與否，不在行文的長短，如果文意密實，三百字並不覺其繁；如果言之無物，二十字亦顯得蕪穢。利用寫日記的機會，訓練自己言簡意賅、簡潔明暢的行文技巧，是增進作文能力的最大助益。

㈣有恆：寫日記最難的是持之以恆。日子太單純沒有特殊事件可記、生活太忙碌沒有閒工夫記，都是擱筆的主要藉口。有時心想今天太累明天補記，待明天想記又覺得回憶不起來，如此因循苟且的結果，往往一天打漁九天曬網，日記變週記，週記變月記，直到「爆竹聲中舊歲除」，才猛然想起遺忘多時的「日記」，再搬出來發憤圖強，規劃新年新希望，順便立定決心勤寫日記。年年如此，寫日記變成心理負擔，便失去了意義。因此，無論多忙多累多厭煩，即使只記五個字十個字，也寧可不中斷，養成這種堅定的恆心和毅力，是寫日記在立身、修養上的重大收穫。

四、日記體散文

日記雖有少數以詩為之，但絕大多數是用散文寫作的。日記體散文，可說是日記的變格，也是日記的文學化。日記原是無所不記的，有時不免拉拉雜雜。日記體散文，則是借用日記的形式，以「日」為敘述的章節、段落，用日記體獨白的方式行文，而大量刪去原始日記中較無意義、與主體較不相干的雜事，使它具有一定的統整性與聯貫性，當然，行文措辭也更注意修飾。

在寫作心態上，真實日記是絕不想公開的隱祕，日記體散文則是準備公開發表的文學作品。郁達夫是最早提倡日記文學、日記體散文的人，他認為「日記文學，是文學裡的一個核心，是正統文學以外的一個寶藏」。他收在《閑書》中有五篇日記體散文，分別名為〈梅雨日記〉、〈秋霖日記〉、〈冬餘日記〉、〈閩遊日記〉、〈濃春日記〉，由命題可知它的內容不同於一般日記，而是有一個中心事件和主題的，例如〈梅雨日記〉，共收十七天的日記，而以「梅雨」貫串全篇，作者由聽雨聲不絕、看久雨成災，表現久雨盼晴，「見太陽如見故人」的心情，流露他憂國憂民的襟懷。

陳冠學的《田園之秋》是更典型的日記體散文，文中幾無生活瑣事的記錄，而是作者「田園生活」哲思式的感發。「日記」只是它的體式、軀殼，內容則是不折不扣的田園小品。藉著日記的形式，掌握時序的變化、結構的鉤連與思緒的遷貿，把整個秋天的景物與心情收攏於筆下，使日記與文學得到完美的結合。

五、餘話

小寶寶的日記，就像一卷迪斯耐卡通，
小學生的日記，就像一篇生活大雜記。
少年的日記，就像一首飛揚的歌曲，
少女的日記，就像一段輕柔的樂章。
媽媽的日記，就像一本家庭相簿，
爸爸的日記，就像一冊經濟雜誌。
奶奶的日記，就像一細織不完的毛線球，
爺爺的日記，就像一支抽不完的老煙斗。

（板橋國中・林孟萱）

不錯，不同的年齡不同的環境不同的人，不同的生活不同的日記。歷史豐富了人類的生活，日記豐富了個人的生命。縱使時光不能倒流，青春不再回頭，但是經由日記，重新品味甜美酸澀的青春、逝去的年華，何嘗不是一件賞心樂事？

筆記欄

下卷 分類文體作法

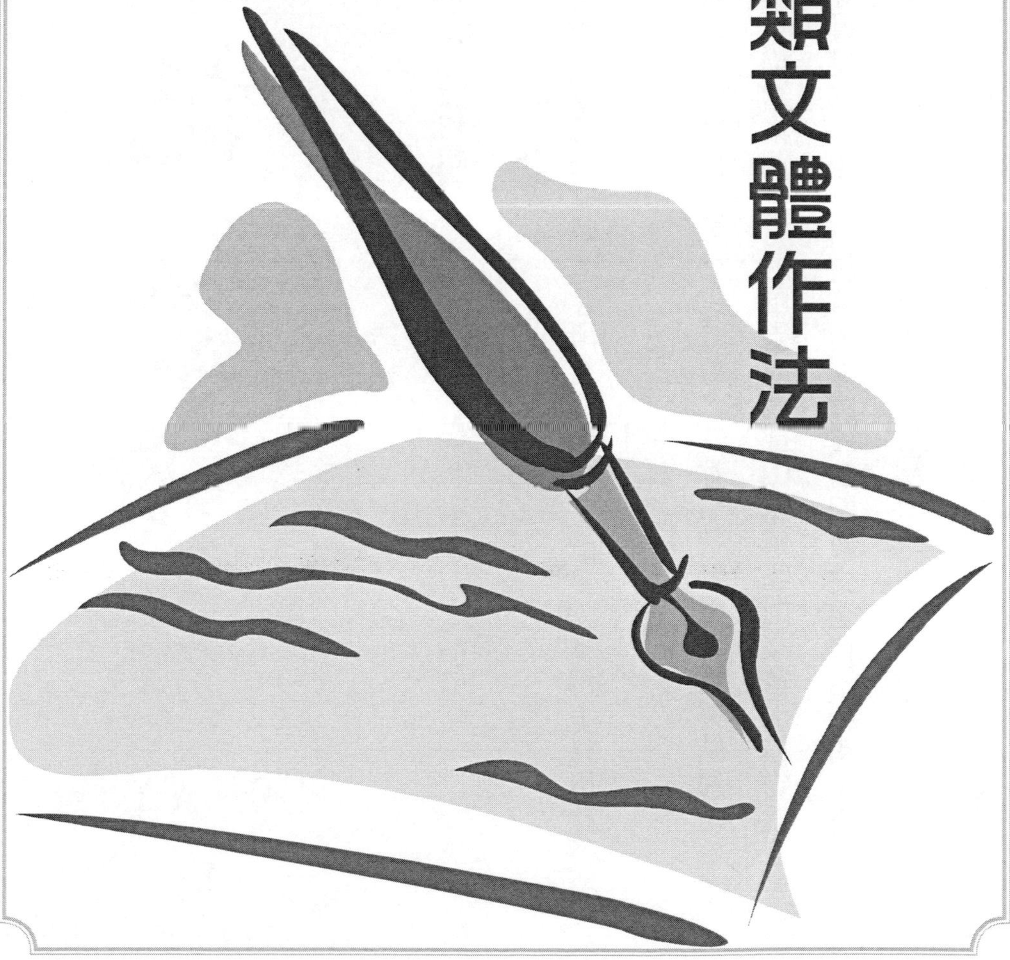

第15話　記敘文

一、記敘文的範圍

記敘文是用敘述的方式表情達意的文章，在所有文體中，記敘文稱得上是用途最廣的。

狹義的記敘文是指描寫人物生活片斷或一生經歷、講述事情發生經過與結局、敘述某種動物植物的特色與啟示、描繪某個地方的風土人情或山水景物的文章，換句話說，是環繞著人、事、景、物等具體的「象」而著筆的；廣義的記敘文還包括新聞、特寫、報導文學、故事、小說、童話、寓言、筆記、日記等。這裡所談的是狹義的記敘文。

記敘文是由記事與敘事組成的。記事文是描寫人、事、物的狀態、性質和效用，大致上屬於靜態的空間的描述，如劉鶚《老殘遊記》中的〈黃河結冰記〉寫黃河到山東省齊河縣：「河面不甚寬，兩岸相距不到二里。若以此刻河水而論，也不過百把丈寬的光景。」又如班固〈卜式輸財報國〉第一段：「卜式，河南人也。以田畜為事。有少弟，弟壯，式脫身出，獨取畜羊百餘，田產財物盡與弟。」都著重於記事；敘事文則描寫人、事、物的動作變化或事實推移，屬於動態的時間的描述，如《老殘遊記》中寫老殘「洗完臉，把行李鋪好，把房門鎖上，也出來步到河堤上看」、「再望上游走了一、二百步」、「復行望下游走去」，又如〈卜式輸財報國〉中「式上書，願輸財半助邊，上使使問式：『欲為官乎？』式曰：『自小牧羊，不習仕宦，不願也。……』」都可算是敘事文。而一篇記敘文中，往往需要記事與敘事、靜態與動態、空間與時間，交錯並用，靈活變化，這樣文章才會顯得紆曲有致。

二、記敘文的寫作步驟

㈠根據材料確立主旨。要蓋房子先要蒐集材料，竹子、木材、黏土、麥稈等，可以用來蓋平房農舍；鋼筋、水泥、細沙、磁磚等，可以用來蓋洋房大廈，不同的材料蓋出不同的房子。

寫作也是如此，沒有材料就無從寫起。我們平時觀察生活、閱讀書報、收看影片，得到許多零散的事實、材料，這些便組成寫作的「素材」；如果從素材中概括出中心思想（主旨），回過頭來再根據中心思想進行選材，那些經過加工挑選出來的彼此有內在聯繫的材料就叫做「題材」。即使是寫作的對象相同（例如同樣是寫詹天佑），但由於每個人掌握的素材不盡相同，相對的，每個人所立的主旨，所選的題材也會有所不同，寫出來的文章也就各有各的面貌。

「巧婦難為無米之炊」，因此，要寫好記敘文，首先必須掌握豐富的素材，如果能充實閱歷、仔細觀察、廣泛求知，頭腦中、筆記裡累積了各種各樣的素材，就像建築工人建材齊備、家庭主婦雞鴨魚肉塞滿冰箱，寫文章時自然左右逢源、得心應手，不虞匱乏了。

有了豐富的素材，接著便須確立文章的中心思想。一篇文章只有一個主旨，因此，如何從紛雜眾多的材料中，抽繹出中心思想，使文章主題鮮明，是文章是否「出色」的重要關鍵。否則，材料雖多，東拼西湊，這種大雜燴的文章，就像一個人六神無主，不可能有精神。

要根據材料確立主旨，大抵可依循兩條途徑：

1.概括事物的共同點：如沈復〈兒時記趣〉，所概括的便是兒時的「趣」事。兒時可記的事情很多，有趣的事情想必也不少，但是沈復在該文開頭就說：

> 余憶童稚時，能張目對日，明察秋毫。見藐小微物，必細察其紋理，故時有物外之趣。
>
> （沈復〈兒時記趣〉）

可見他要寫的，還不是兒時的所有趣事，那太多太雜了；他只選定了可以從「藐小微物」的細察中，得到「物外之趣」的「趣事」，在這層層條件的概括下，他只取噴蚊以煙，作青雲白鶴觀，及觀蝦蟆拔山倒樹而來二件素材，加以雕削琢磨，成為一篇逸趣橫生的記敘文。

2.分析事物的因果性：集中焦點，分析一件事情的原因、經過、結果，那麼，文章的主旨自然就凸顯出來。如司馬遷的〈張釋之執法〉，首先敘述犯人犯案經過，接著敘述廷尉張釋之治問、文帝大怒、張釋之解釋將犯人判罰金的理由，最後，皇上沉思良久說：「廷尉當是也」。全文沒有加入作者主觀的言詞，純粹由分析事件的因果、經過著筆，把和這事件無關的材料擺到一旁，而全文的中心思想（「法律之前，人人平等」）也就水到渠成，文盡意顯了。

㈡**根據題旨選擇題材**。根據材料確立題旨，根據題旨選擇題材，這是寫作的準備過程，而它應該反覆進行，直到自己滿意為止。等到文章完成了，要進行修改，也依然要考慮到主旨、選材是否恰當。

劉勰《文心雕龍・鎔裁》篇中，把這種過程闡發得最為淋漓盡致：

> 凡思緒初發，辭采苦雜，心非權衡，勢必輕重。是以草創鴻筆，先標三準：履端於始，則設情以位體；舉正於中，則酌事以取類；歸餘於終，則撮辭以舉要。然後舒華布實，獻替節文，繩墨之外，美材既斲，故能首尾圓合，條貫統序。
>
> （劉勰《文心雕龍・鎔裁》）

指出作者經營草稿、提筆為文之前，必須遵守三項準則：首先，要安排適當的情意，以建立文章的思想內容（主旨）；其次，是斟酌文章思想內容的需要，去搜集同類的材料（選材）；最後，是運用精簡扼要的文辭，來表達文章的思想內容。三者俱備，然後再鋪展辭采，表達情實，並進一步推敲音節、文句的適當與否。經過這樣審慎的構思後，就像木工選材構廈，凡繩墨以外的，如泛泛的情意、無關緊要的敘事、累贅無用的詞句等，都經過仔細斫削，因此，寫出來的文章，自然能前後呼應、脈絡貫串、結構完密、條理分明，如同根基穩固、架構堅實、明麗新穎的屋宇，必為讀者觀者所喜愛。

文章主旨要求正確、鮮明、集中，避免偏激、片面、意見含糊、主題分散；選擇題材的標準則是必要、真實、典型，越合乎這三項標準，往往越具說服力，越能引發共鳴。

㈢確定敘事觀點。敘述一件事情，可以從裡面講起，也可以從外面講起。所謂從裡面講起，就是用第一人稱「我」的角度敘述，此即主觀的敘事觀點；所謂從外面講起，通常是由一個無名的敘述者來述說，作者彷彿置身事外，藉第三人稱的敘述者陳述事件，此即客觀的敘事觀點。一篇文章應該有一統一的觀點，才不致使所敘述的內容混淆不清、雜亂無章。

以張曉風的〈行道樹〉為例，我們先節錄文中各段的前幾句：

第一段：我們是一列樹，立在城市的飛塵裡。

第二段：許多朋友都說我們是不該站在這裡的，其實這一點，我們知道得比誰都清楚。……

第三段：是的，我們的命運被安排定了，……

第四段：當夜來的時候，……我們在寂靜裡，我們在黑暗裡，我們在不被瞭解的孤獨裡。……

第五段：這時，或許有一個早起的孩子走了過來，貪婪地呼吸著新鮮的空氣，這就是我們最自豪的時刻了。……

第六段：立在城市的飛塵裡，我們是一列憂愁而又快樂的樹。（張曉風〈行道樹〉）

作者採取擬人的寫法，像是鑽進「樹」的思想、情感世界，替樹抒發喜怒哀樂。全文從頭到尾都以「我們」，第一人稱的敘事觀點代樹陳言，藉樹遣懷，觀點的統一形成文氣的貫串，文理的暢達。加上首段與末段構成迴旋的呼應，使得全文充分體現「首尾圓合，條貫統序」的結構美。

又如陶淵明的〈五柳先生傳〉，「五柳先生」雖即是陶淵明的化身，可是作者卻不是採用「自傳」的筆調來寫，而是用為他人作傳的語氣：

先生不知何許人也，亦不詳其姓字。宅邊有五柳樹，因以為號焉。閑靜少言，不慕榮利。好讀書，不求甚解；每有會意，便欣然忘食。……忘懷得失，以此自終。

（陶淵明〈五柳先生傳〉）

這就是第三人稱，旁觀者為敘事觀點的例子。不過，傳記的末段，通常藉「太史公曰」、「論曰」、「贊曰」等，來闡述作者對傳中人物的評論，因而轉換為第一人稱的敘述，這並不會形成觀點不統一或文章雜亂的困擾，因為中間已經藉「贊曰」等文字區隔開來了。

(四)活用記敘方法。敘事觀點確定後，要進一步考慮記敘方法。一般將記敘方法分為「順敘」、「倒敘」、「插敘」、「補敘」四種。

「順敘」是依時間先後或因果關係的順序記敘，如吳敬梓〈王冕的少年時代〉，即是依序記敘王冕的出生、七歲時父親過世、十歲時到隔壁秦老家放牛、十三四歲開始買胭脂鉛粉學畫荷花、十七八歲離開秦家「每日畫幾筆畫，讀古人的詩文，漸漸不愁衣食，母親心裡也歡喜。」時間先後一絲不亂，是標準的「順敘」寫法。

先敘述現在再回溯過去，或先敘述結果再追究原因的記敘方式是為「倒敘」。倒敘並非如（圖一）所示，由現在往過去的某一定點敘述；而是如（圖二），先點出現在再回到過去的定點，由此定點往後敘述。

（圖一）

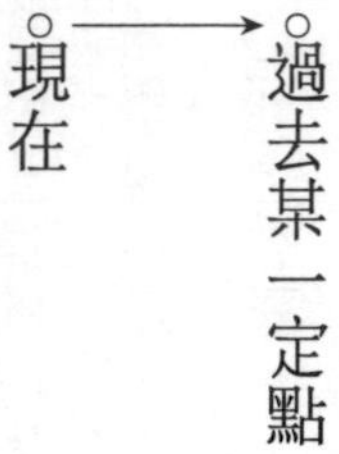

（圖二）

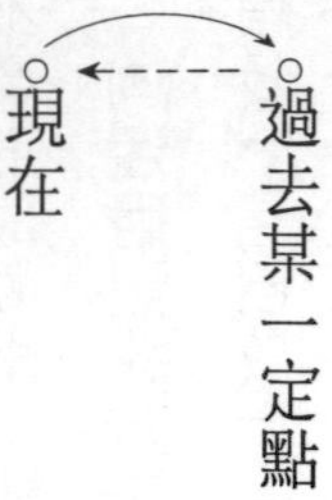

以朱自清的〈背影〉為例，文章開頭先敘：

> 我與父親不相見已二年餘了，我最不能忘記的是他的背影。（朱自清〈背影〉）

這段話自然是站在「現在」的立場說的，而它最重要的功用，則是帶出「二年餘」以前所見到的父親的「背影」。因此，第二段開始，時間便回溯到二年餘（過去的某一時間定點）前所見的情景，這是作者藉以烘托主題（父親對子女的慈愛和關懷）的題材，所以，作者集中筆墨，詳加鋪敘。末段，時間又回到現在：

近幾年來，父親和我都是東奔西走，家中光景，一日不如一日。……唉！我不知何時再能與他相見！（同前）

如此，前後照應，才是完整的記敘。

「插敘」是指將次要的材料，穿插在正文中間敘述出來。例如陳源〈哀思〉中，作者在倒敘見過孫先生兩次面之前，先插進孫先生被神化為能騰雲駕霧、沒有絲毫染上官僚習氣的兩段敘述。

「插敘」穿插於正文當中，「補敘」則是補記於正文之後，像張騰蛟〈溪頭的竹子〉的最後一段所敘：「賞景的人群自四面八方不斷地向這裡湧來，他們來看大學池，來看神木，而其中有不少人，是特地來看竹子的，像我就是。」岔開一筆，既補敘了溪頭大學池、神木等名勝，復歸結於作者對竹子的偏愛，稱得上是收放自如的寫法。

一篇文章中，或用「順敘」，或用「倒敘」，通常兩者不能同時並用。而「插敘」、「補敘」則配合「順敘」或「倒敘」使用，如〈哀思〉中便兼用「倒敘」與「插敘」。如何活用記敘方法，使文章條理分明、主材料與次材料各得其所，也是作者為文時必須深思的一環。

三、記敘文內容分類

㈠**記人物事跡**。記敘文以人物傳記為大宗。如〈母親的教誨〉、〈五柳先生傳〉、〈王冕的少年時代〉、〈孔子的人格〉、〈差不多先生傳〉、〈張釋之執法〉、〈居里夫人小傳〉、〈詹天佑〉、〈文天祥從容就義〉、〈張劭與范式〉、〈卜式輸財報國〉、〈田單復國〉等，都是記敘人物事跡的記敘文。

記人的文章，有的專記一人，稱為「專傳」；有的兼記二人，稱為「合傳」；有的合記性質相近的一群人，稱為「類傳」。

不過，文學家與歷史家記敘人物，本質上有所不同，歷史家較注重史實的呈現，文學家則較注重情理的闡發。班固〈卜式輸財報國〉、司馬遷〈田單復國〉都具有很強的歷史性；陶淵明〈五柳先生傳〉、胡適〈差不多先生傳〉則是典型的文學性傳記。

歷史人物之所以值得記敘，是因為他們具有崇高的品德或彪炳的事功，所謂「立德」、「立功」，透過史傳可以傳之不朽。卜式的照顧幼弟、輸財報國，范式的守信重諾、篤於友誼，都是可貴的情操；田單以火牛陣敗燕復齊，更是值得大書特書的功績；文人所記敘的人物，著眼點不在傳主對國家社會的貢獻大小，而在於傳主對作者一生的受益與影響，例如〈母親的教誨〉，便是記敘作者小時候，母親苦心管教的種種情景。至於傳記體寓言如〈差不多先生傳〉，實際上並無差不多先生其人，作者編造這個典型人物的言行，以反諷的筆調，針砭國人做事不肯認真的偏差觀念，文中的敘述，無一事是真正的事實，但卻是國人的通病，因此可稱為「超越性的事實」，這是寓言傳記所以發人深省之處。

記敘人物，最重要的是要凸顯人物的特徵。特徵鮮明，人物才有生命力。讀〈五柳先生傳〉，便感覺任情嗜酒、忘懷得失的五柳先生如在眼前；讀〈王冕的少年時代〉，便浮現王冕聽話懂事、孝親勤學的影像；讀〈文天祥從容就義〉，則文天祥至死不屈、大義凜然之身，彷彿從字裡行間跳躍出來。且看〈文天祥從容就義〉的末段：

天祥將出獄，即為絕筆自贊，繫之衣帶間。其詞曰：「孔曰成仁，孟云取義；惟其義盡，所以仁至。讀聖賢書，所學何事！而今而後，庶幾無愧。」過市，意氣揚揚自若，觀者如堵。臨刑，從容謂吏曰：「吾事畢矣。」問市人孰為南北，南面再拜就死。

（胡廣〈文天祥從容就義〉）

藉著文天祥臨刑前為絕筆自贊、意氣揚揚自若、從容謂吏，最後「南面再拜就死」等描述，表現他那至大至剛的浩然正氣與人格特質。

再如佚名的〈詹天佑〉，詹天佑一生的主要成就在鐵路工程，因此本文便在這方面加強發揮。詹天佑除了擘劃津榆、萍醴、潮汕諸線，最重要的事功是築成平綏鐵路，因為平綏鐵路全線雖不長，沿線卻山嶺重疊，工程格外艱難：

……當時世界輿論，都不相信我國能自己築成這條鐵路。英國報紙甚至輕蔑地說：「中國建築這條鐵路的人才還沒有產生呢！」詹先生卻在這種空氣之下，毅然受命，擘畫經營，夙夜匪懈，終於成功了，……築成之後，素來輕蔑我國人能力的外國輿論也就平息。並且由於敬佩心和好奇心的驅使，外國人特地跑來參觀的，絡繹不絕。……

（佚名〈詹天佑〉）

作者用背面敷粉的手法，藉著外國輿論在平綏鐵路築成前後態度的完全轉變，反襯出工程的艱鉅與詹先生的偉大，深刻地勾劃出渾身是膽識與智慧的詹先生形象。

㈡記動物植物。詩歌中有「詠物詩」一類，散文中也有很多是描寫動物、植物或器物的作品。例如司馬中原〈火鷓鴣鳥〉，梁實秋〈鳥〉，是描寫動物；張騰蛟〈溪頭的竹子〉、張曉風〈行道樹〉，蘇雪林〈禿的梧桐〉，則是描寫植物。

動物不像人物，有崇高的德業或偉大的功勳可供記敘，因此，描寫動物，多半從牠的外形、聲音入手，再加入相關的神話、傳說，融合作者個人的想像和感情。

吳延玫（司馬中原）的〈火鷓鴣鳥〉，寫法有很高的借鑑價值。文章開頭是這樣寫的：

> 火鷓鴣鳥的衣裳是用春天黃昏的雲剪裁的，深深淺淺的紫紅色，帶著一層層的斑紋。牠的形狀像鴿樓上飼養的鴿子，只是比家鴿小些，看樣子，遠比家鴿精靈。
>
> （吳延玫〈火鷓鴣鳥〉）

作者先說火鷓鴣鳥的「衣裳」（羽毛）是深淺交錯的紫紅，再寫牠的「形狀」像家鴿而略小，看起來動作也比家鴿精靈。然後藉著「七姑姑」的稱呼，引出牠的叫聲：

在春天，滿眼的柔綠鋪著地，也洗亮了天，……這裡那裡，分不清有多少種鳥雀在喧噪，在歌唱，在吱吱喳喳地私語；其中只有一種鳥的聲音是最特出的，那就是火鷓鴣。牠的鳴聲並不嘹亮，卻是出乎意外地徐緩低沉，總是那麼迷離，那麼柔軟，彷彿多飲了春光，發為醺鳴，你分不清牠們究竟是唱出了快樂，還是唱出了哀愁？

一聲遞一聲的，七——姑——姑，苦……，七——姑——姑——，苦……。那是牠們世代相傳，一成不變的調子……（同前）

寫到這裡，文章似乎已經山窮水盡，沒有材料可記了。不過，作者憑著他廣博的見聞，又從聽到的傳說中挖出題材來：

傳說火鷓鴣是一種心慈的鳥，在古老的年代裡，眼見一個人稱七姑姑的老婆婆，孤苦無依，病死在頹圮的茅屋裡，就覺得世上缺少愛心和同情。牠們飛出巢，到處唱著「七姑姑——苦」，藉以告訴人們去埋葬那位老婆婆。牠們這樣一代一代地

啼過了幾千幾百年，日後還會這樣啼下去的。（同前）

這就不僅使牠的叫聲有了來歷，也使得牠的「愛心和同情」，具有人性的高貴情操，人與鳥之間的情感也就連繫起來了。

〈火鷓鴣鳥〉專寫一種鳥，梁實秋的〈鳥〉則寫各種鳥。文章由第一段「我愛鳥」點明題旨，以下便分別追敘作者在四川時，清晨聽清脆嘹亮的鳥聲，夜晚聽杜鵑淒絕的哀樂，兩種截然不同的感受；再描繪鳥的形體之美，能給人一種純粹美感的喜悅，顯示作者與鳥的交感與契合。

文人寫動物，與生物學家寫動物當然大有不同，文人筆下的動物，雖也寫形狀、聲音，但更重要的是牠背後所引發的情思，是一種物我交感的契合與體悟，而不是科學的數據或生態的紀錄。換句話說，記敘動物，最重要的是要融入作者的思想情感。

動物尚有聲音外貌，植物則連聲音也沒有，可作為客觀敘述的材料更少了，因此，記敘植物，便須加進更多的作者主觀的觀感。例如，張騰蛟在〈溪頭的竹子〉中這麼描寫：

我面對著這麼一群生氣勃勃的青竹，不自主地便鑽進它們的行列裡去，去親近它們，去觸及它們，看它們如何用根鬚去抓緊泥土，如何用青翠去染綠山野。當然，還有一個更重要的理由，就是讓自己去站到一棵竹子的身邊，然後，昂起頭來向上望，看看它以一種什麼樣的姿勢挺拔起來的；希望能從它的身上，學一點點如何才能挺拔的祕訣，如何才能昂然而立的本領。……

（張騰蛟〈溪頭的竹子〉）

作者不直接描寫竹子顏色多麼蒼翠，外形如何筆直挺拔等客觀的敘述，而是「鑽進它們的行列裡去，去親近它們，去觸及它們」，所謂的「鑽進」，不僅是具體有形的行動，也是無形的精神、格調的契入，唯有當作者領受了對象（所描寫的植物）的精神特質，賦予對象特殊的情感，這樣，所記敘的植物才具有文學價值與意義。所謂「萬物靜觀皆自得」，如果只觀物而無所得，只寫物的外象而不能鑽進其中開發新意，則所記敘之物必索然無味。

㈢記山水景物。這類的記敘文，主要即是一般所稱的「遊記」，此外還包括記亭臺樓閣、梵宇僧樓之類的文章。

歷來記山水景物的文章，最為讀者所熟知的當推柳宗元的《永州八記》，而被胡適譽為擅長描寫景物的《老殘遊記》，則是白話遊記的翹楚。此外，蘇軾〈記承天寺夜遊〉、張岱〈湖心亭看雪〉、徐志摩〈我所知道的康橋〉、謝冰瑩〈盧溝橋的獅子〉等，也都是寫山水景物的記敘文。

上述各篇，以蘇軾〈記承天寺夜遊〉最為精簡可誦：

> 元豐六年十月十二夜，解衣欲睡；月色入戶，欣然起行。念無與樂者，遂步至承天寺，尋張懷民。懷民亦未寢，相與步於中庭。庭中如積水空明，水中藻荇交橫，蓋竹柏影也。何夜無月，何處無竹柏，但少閒人如吾兩人耳。
>
> （蘇軾〈記承天寺夜遊〉）

全篇僅八十字，而文章由「夜遊」的時間寫起，接著說明夜遊的原因、夜遊的同伴、夜遊的地點、夜遊所見的景致，最後記下夜遊的感觸，舉凡記遊作品中所需的部分，無不應有盡有，真是「麻雀雖小，五臟俱全」。而作者透過想像，寫月夜庭中「如積水空明，水中藻荇交橫」，和杜牧詩所說的「天階夜色涼如水」頗有異曲同工之妙，都將秋天月夜的沁涼明麗表露無遺。不過，如同記遊詩一樣，記遊散文也必須由寫景而到達「興情」

或「悟理」的層次，也就是一般人所說的：即景生情、情景交融。〈記承天寺夜遊〉最後幾句：「何夜無月，何處無竹柏，但少閒人如吾兩人耳。」雖是淡淡的語調，卻隱含對奔忙於名利場者的譏諷，並慶幸自己能欣賞大自然的美景，領略「閒人」的樂趣，可以咀嚼出非常複雜的人生情理。

相形之下，張岱的〈湖心亭看雪〉便著重於寫景敘事，而較忽略情理：

> 崇禎五年十二月，余往西湖。大雪三日，湖中人鳥聲俱絕。
>
> 是日，更定矣，余拏一小舟，擁毳衣、爐火，獨往湖心亭看雪，霧凇沆碭，天與雲、與山、與水，上下一白。湖上影子，惟長堤一痕，湖心亭一點，與余舟一芥，舟中人兩三粒而已。
>
> 到亭上，有兩人鋪氈對坐，一童子燒酒，鑪正沸。見余，大驚，喜曰：「湖上焉得更有此人！」拉余同飲，余強飲三大白而別。問其姓氏，是金陵人客此。及下船，舟子喃喃曰：「莫說相公痴，更有痴似相公者。」
>
> （張岱〈湖心亭看雪〉）

寫嚴冬時節，大雪三日後的西湖「上下一白」景象，真是寒氣逼人。末段則述作者到湖心亭，被亭上兩人拉與同飲的經過，可見「踏雪訪亭」的「痴相公」，不是只有作者一人。全文先記遊亭時間，次寫西湖雪景，最後寫遊亭奇遇，筆調精約雅致，搖曳生姿，是絕佳的小品文。

如果〈記承天寺夜遊〉、〈湖心亭看雪〉是小巧的工筆畫，那麼，徐志摩的〈我所知道的康橋〉該是鮮豔的油畫，他並不刻意安排結構，只是大筆大筆地把康橋美景，如同塗抹顏料於畫布般地往稿紙上揮灑，讓讀者迷眩於瑰美的景色而嚮往備至，這樣的描寫功夫比起《老殘遊記》毫不遜色。

《老殘遊記》的文字不像徐志摩的濃麗，而是疏淡樸素，像是順手拈來的。如〈黃河結冰記〉中寫冰擠冰的情景：

> 那兩邊平水上的冰，被當中亂冰擠破了，往岸上跑，那冰能擠到岸上有五、六尺遠。許多碎冰被擠得站起來，像個小插屏似的。看了有點把鐘功夫，這一截子的冰，又擠死不動了。
>
> （劉鶚《老殘遊記·黃河結冰記》）

即使是寫情，也是非常自然親切的：

（老殘）心裡想道：「歲月如流，眼見斗杓又將東指了，人又要添一歲了！一年一年的這樣瞎混下去，如何是個了局呢？」……想到此地，不覺滴下淚來，也就無心觀玩景致，慢慢走回店去。（同前）

由望見北斗七星，想到冬將盡春將來，歲月無情流逝，而自己一事無成，難免有「逝者如斯，不舍晝夜」的傷感，這種情的興發和理的感悟，是即景所生，絲毫無矯揉造作的成分，因此顯得格外真切。

總之，記山水景物的記敘文，固然以描寫山水景物為文章主體，但是，如果只停留在景物的描摹，而沒有導引出情感理趣，即使辭藻再優美，畢竟只是蠟像館的美人，缺乏之氣質與靈性；反之，如果沒有真情實感而硬擠以成篇，就由無情而失之矯情了。

筆記欄

第16話 抒情文

抒情文以抒發內心的情感為主。照理論來說，一旦內心有真實深刻的感受，凝聚醞釀，再經由適當的表現方法，下筆為文，自然能寫出生動感人的作品。

在這裡，首先要辨析的是：抒情文中的「情」，是「情感」，絕非「情緒」；情緒和情感不同。情緒往往是片刻間千變萬化，沒有條理規則可言；而情感是較長時間所湧現的感受，有一定的規則。情緒每每流於暴起暴落，無法平和；情感則講求較持久穩定，深刻細密，引起共鳴，打動人心。

歷來抒情文的寫法，最主要的原則有三：一、求自然真切，不可無病呻吟。二、求細膩深刻，不可粗枝大葉。三、求婉曲清新，不可濫情堆砌。

一、自然真切

所謂「自然」，是指文中的情感要通過具體的景物或事件間自然而然的流露出來；完全是觸景生情的表白，水到渠成，絲毫不牽強。例如：

還有，十五年後重回臺北，昔日流連的地方就只剩下那家白俄人開的「明星西點麵包店」，進去喝下那杯久違了的咖啡時，根本不辨其味，喝下的是永不能回首的點點滴滴悲歡歲月……

（李黎《別後．咖啡的話》）

寫自己舊地重遊，物是人非的感受，自然百感交集；「喝下的是永不能回首的點點滴滴悲歡歲月」。又如：

我也有過一次類似經驗，在東北的一間雙重玻璃窗的屋裡，忽然看見枝頭有一隻麻雀，戰慄的跳動抖擻著，在啄食一塊乾枯的葉子。但是我發見那麻雀的羽毛特別的長，而且是蓬鬆戟張著的：像是披著一件簑衣，立刻使人聯想到那垃圾堆上的大群襤褸而擁腫的人，那形容是一模一樣的。那孤苦伶仃的麻雀，也就不暇令人哀了。

（梁實秋《雅舍小品・鳥》）

由目睹麻雀在飢餓邊緣掙扎的慘狀，從而念及無法溫飽的衣衫襤褸之人，不覺興起悲哀的感慨。因此，抽象的情感一定要和具體景物或事件相配合，兩者水乳交融，才能給人自然流暢的感受。例如：

我喜歡朋友，喜歡在出其不意的時候去拜訪他們。尤其喜歡在雨天去叩濕濕的大門，在落雨的窗前話舊真是多麼美。記得那次到中部去拜訪芷的山居，我永不能忘記她看見我時的驚呼。當她連跑帶跳地來迎接我，山上的陽光就似乎忽然熾燃起來了。我們走在向日葵的蔭下，慢慢地傾談著。那迷人的下午像一闋輕快的曲子，一會兒就奏完了。

（張曉風《曉風散文集・我喜歡》）

寫自己喜歡出其不意訪友，因為「落雨的窗前話舊真是多麼美」；尤其拜訪芷，她看見我時「驚呼」、「連跑帶跳地來迎接」、「山上的陽光就似乎忽然熾燃起來」，寫出「朋自遠方來，不亦樂乎」的情景，一點也不造作。

至於「真切」，是要能真實貼切地寫出情感的複雜特質。由於情感並非單一、和諧，往往對立、衝突，糾纏在一起。因此對於親情，吳晟感到「甜蜜的負荷」（〈負荷〉），深知親情並非只是單純的「甜蜜」，或是單純的「負荷」而已，它是對立的統一。每個人都要一方面分享親情的「甜蜜」，一方面另分擔親情的「負荷」。對於路邊的行道樹，張曉風在文章最後總結：

> 立在城市的飛塵裡，我們是一列憂愁而快樂的樹。
>
> （張曉風〈行道樹〉）

其中「憂愁而快樂」是兩種心情混合在一起，寫出複雜矛盾的心境。

基於這樣的認知，在抒發深層感受時，可以採用這種筆法，貼切勾勒出內心的真實。例如：

（例一）

這是一個換心的時代。我該有幾把心腸、幾套記憶呢。怎樣把不該記得的事情忘掉呢。既要熱愛，又要冷酷，既要刻骨銘心，又要健忘，我如何達到標準呢？有沒有一套課程、一種訓練，像瑜珈那樣，可以使我把事物倒過來看？有沒有一種機件，像電腦的軟體一樣，可以輕而易舉的完全否定昨日之我？

（王鼎鈞《左心房漩渦．紅石榴》）

（例　二）

我們結合了一群有志有勁有熱血的青年，結合在一起——對於我們來說，一切努力所獲得的只是一個驛站，到達了等於再出發。而對於過去與未來的一切是非恩怨，在落日大旗的大懷抱、大前提下，我們當然會有氣度與胸襟，往同一個目標，寂寞而輝煌地走去。

（溫瑞安《狂旗．燭照》）

前面例一中「既要熱愛，又要冷酷」「既要刻骨銘心，又要健忘」，說明面對繁複的現今社會，人也變得複雜起來，不能只採取單一標準，一成不變；而要隨時調整，面對接踵而來的一切。例二指出擁抱理想，到達目標的過程是「寂寞而輝煌」，「寂寞」是由於不被大眾認同，「輝煌」是內心燃燒著追求理想的熱情，因此兩者結合成複雜的滋味。另如：

（例　一）

我想我終會忘記這小小低矮的茶棚，棚下嘻笑的小孩，小孩手裡黃色的野菊，偶然相逢的騎摩托車來看山的德國男孩，坡地上的雞和狗，花和草，以及遠方的亦明亦晦，亦晴亦陰，亦剛亦柔，於我卻亦熟悉亦陌生的喜瑪拉雅。

（張曉風《再生緣‧遠程串門子》）

（例　二）

「有時候，當我從山上俯瞰時，城裡的燈火稀微如遠天的星辰，靜靜的閃爍，而當我走在繁華的街頭時，每盞燈又喧鬧如野火，彷彿充滿了欲念與渴求，」朋友說，這是個既虛幻又真實的城市，隨時有人在販賣快樂與哀傷，也有人出售夢想與希望，青春、愛情亦然！

（蘇國書《在夢裡告別‧尋找一個小鎮》）

前面例一中對喜瑪拉雅山「亦熟悉亦陌生」的回憶、例二中對城市「既虛幻又真實」的印象，均真切描繪出人恍惚的心理感受，雖複雜卻極貼切。

二、細膩深刻

所謂「細膩」，是將感受或感悟進一步的剖析，推入幽微深處，終而在綿密感性中交湧，留下陣陣漣漪。如：

流淚的人進進出出，我呆立在一堆蟬殼旁，一陣當頭籠罩的黃花下。忽然覺得分不清這三件事物，死，蟬殼以及正午陽光下亮得人眼眩的半透明的黃花。真的分不清，蟬是花？花是死？死是蟬？我癡立著，不知自己遇見了什麼？

我後來仍然日日經過青島西路，石牆仍在，我每注視那棵樹，總是疑真疑幻。我曾有所遇嗎？我一無所遇嗎？當樹開花時，花在嗎？當樹不開花時，花不在嗎？當蟬鳴時，鳴在嗎？當鳴聲消歇，鳴不在嗎？我用手指摸索著那粗礪的石牆，一面問著自己，一面並不要求回答。

（張曉風《再生緣．遇》）

由眼前的黃花、蟬鳴，逗出恍惚的質疑，經由一連串「是耶？非耶？其信然耶？」的設問，觸碰存在的真實，與哲學思維逐漸接壤。而作者文思之細密，由此可見。又如：

> 窗外依舊春雨綿綿，青色壁燈下的這一瓶撿回來的紅玫瑰，在我暗淡的凝視下，彷彿也顯得有些「鬱卒」。殷紅的花瓣雖然如火如荼地開著，卻有一分說不出的憂悒的神情，這神情是我在花市裡、花店中所未曾領略過的。為此不可言說的一點異色，我彷彿聽見這瓶花在幽幽訴說著她們的身世，她們如何從家園被剪除，如何又被買主所拋棄，又如何在路邊與垃圾糞尿為伍，忍受風吹雨打的種種哀情……
>
> （高大鵬《永遠的媽媽山．遠山的呼喚》）

則由撿回來的紅玫瑰，展開細密的懸想，追溯玫瑰的過去，從成長至棄置垃圾堆的悲哀。文中「我彷彿聽見」底下的五十七個字，正是作者敏銳心思的顯現。

至於「深刻」，是指情感的引申發展，逐漸擴大；最後由小我之情，走向大我之情；由感性思維，逼出理性的省思。如：

> 老殘對著雪月交輝的景致，想起謝靈運的詩，「明月照積雪，北風勁且哀」兩句，

若非經歷北方苦寒景象，那裡知道「北風勁且哀」的個「哀」字下得好呢？這時月光照得滿地灼亮，抬起頭來，天上的星，一個也看不見，只有北邊，北斗七星，開陽搖光，像幾個淡白點子一樣，還看得清楚。那北斗正斜倚在紫微垣的西邊上面，杓在上，魁在下。心裡想道：「歲月如流，眼見斗杓又將東指了，人又要添一歲了！一年一年的這樣瞎混下去，如何是個了局呢？」又想到《詩經》上說的「維北有斗，不可以挹酒漿。」——「現在國家正當多事之秋，那王公大臣只是恐怕耽處分，多一事不如少一事，弄得百事俱廢，將來又是怎樣個了局？國是如此，丈夫何以家為！」想到此地，不覺滴下淚來，也就無心觀玩景致，慢慢走回店去。一面走著，覺得臉上有樣物件附著似的，用手一摸，原來兩邊著了兩條滴滑的冰。初起不懂什麼緣故，既而想起，自己也就笑了。原來就是方才流的淚，天寒，立刻就凍住了，地下必定還有幾多冰珠子呢。悶悶的回到店裡，也就睡了。

（劉鶚〈黃河結冰記〉）

由星月交輝，念及「明月照積雪，北風勁且哀」的苦寒悲意；再由歲寒冬暮，湧現「歲月如流」的飄泊之嘆，繼由個人的未有具體成就，想到國家正值多事之秋，風雨飄搖，更是令人憂心忡忡。至於：

> 有一次，我住在日月潭，清晨起身，沿潭散步，此時潭水與天色碧藍如海，晨曦自天際浮雲中隱隱透出，水面上一陣陣薄霧疾逝而去，山樹在昏濛中也是一片墨綠，這時我但覺自己置身天地的大瓶子裡，通體也染上了湛藍，除了悚然驚懾於如此的蒼涼外，不覺也有幾分悲哀，想到茫茫大千，實際上也不過是一個我們永遠跳不出去的瓶子。
>
> （亮軒《在時間裡．瓶裡乾坤》）

由眼前景物，想到天地是個大瓶子，人永遠無法跳出去，深切感受到人的局限。雖說人的思維可縱橫宇宙，自由馳騁；但人的形體永遠無法擺脫茫茫大千世界，無法撥去這命定的蒼涼與悲哀。而這正是存在的困境與真實。

三、婉曲清新

所謂「婉曲」，是以間接的方式述說情感，蘊藉含蓄，婉轉曲折；往往以景作結，中寓無限的情意，或只說一半，留下空白，耐人尋味。如：

我撿起小青石榴。缺了一根手指頭的廚子老高從外面進來了，他說：

「大小姐，別說什麼告訴你爸爸了，你媽媽剛從醫院來了電話，叫你趕快去，你爸爸已經……」

他為什麼不說下去了？我忽然著急起來，大聲喊著說：

「你說什麼？老高。」

「大小姐，到了醫院，好好兒勸勸你媽，這裡就數你大了！就數你大了！」

瘦雞妹妹還在搶燕燕的小玩意兒，弟弟把沙土灌進玻璃瓶裡。是的，這裡就數我大了，我是小小的大人。我對老高說：

「老高，我知道是什麼事了，我就去醫院。」我從來沒有過這樣的鎮定，這樣的安靜。

我把小學畢業文憑，放到書桌的抽屜裡，再出來，老高已經替我雇好了到醫院的車子。走過院子，看那垂落的夾竹桃。我默念著：

爸爸的花兒落了

我也不再是小孩子。

（林海音〈爸爸的花兒落了〉）

最後兩句不直接說「爸爸過世了，我比較懂事了」，而說「爸爸的花兒落了／我也不再是小孩子」，讀來意在言外，婉曲含蓄，悵惘哀傷之情，浮現其間。另如：

這些天，我一直翻閱著昔時的照片，在一本本的相簿中，父親一逕地以他招牌的笑容光燦地面對鏡頭。從年輕到年老，從紅顏到白髮，從山巔到海隅，從打球到下棋，從加州的水綠沙暄，到北海道的冰雪滿地，從人子到人父，甚至人祖……他總是那般興高采烈地擁抱生活。生命中的繁華，原不論高堂華筵或淺斟低酌的，父親的一生，充滿了小市民知足強韌的迤邐華彩，繽紛熱鬧。我有幸與他結下四十餘年的父女緣，陪他在人生舞臺上賣力淋漓地演出一場，如今，曲終人散，留在心底的，豈只是止不住的悲傷！

（廖玉蕙《不信溫柔喚不回．繁華散盡》）

最後結尾「如今，曲終人散，留在心底的，豈只是止不住的悲傷」，所謂「豈只是止不住的悲傷」的言外之意為「而是永遠埋藏在內心的哀痛」。作者於此沒有完全說盡，卻讓人感到文中吞吐掩抑的情懷。

至於「清新」，是指善用比喻，將抽象的感受作具體、新穎的呈現，使人耳目一新。因此，抒情寫懷，不宜用陳腔濫調的比喻。以「青春」為例，可以比喻、引申為：

（例 一）

青春如一隻蝴蝶，告別昨日的醜陋，迎向今日的美麗。

（梁建民〈青春進行曲〉）

（例 二）

青春，應該是像那孔武有力的蒸氣機車，無畏地、雄辯地向前奔馳。

（陳芳明《荊棘的閘門》）

（例 三）

青春無法留駐，像電，是不能儲存的能源，電用完了可以再充，青春消磨了卻永遠無法恢復。但是我們很少能診破這層消息。美國作家霍桑寫過有名的小說：《青春之泉》——敘述兩個老友發現青春之泉，他們恢復青春，他們死了好多年的女友也復活了，歡慶之餘，故態復萌，重新展開愛情的爭逐，於是二男一女重新陷其撒謊、欺騙、悖德中——一切人類青年時代犯過的罪過和醜惡重新再犯，結局是青春的復活曇花一現，轉眼復歸泡影，這真是給人類的愚妄當頭棒喝！

（大荒〈青春〉）

分別用「一隻蝴蝶」（例一）、「蒸氣機車」（例二）、「電」（例三），述說青春是美麗的成長（例一）、青春要展現生命的活力（例二）、青春是一去不復返（例三），表達不同的體會，給人清新的感受。又如以「記憶」為喻：

（例一）

人的記憶，就如同錄音帶和錄影帶一樣，經過六十多年以上的拷錄，磁帶上早已脫磁斑斑、摺痕累累，要錄也難以錄入，要放也放不出完整的聲影來。

（羅門〈人生四季——冬〉）

（例二）

記憶是一個金庫，如我們希望在需要時得到它的援助，一定要先納基金。

（吳建興譯《金玉良言》）

前面例一以「錄音帶」、「錄影帶」比喻記憶，指出人的記憶會在歲月的流失中逐漸不清晰、不完整，而例二以「金庫」比喻記憶，強調珍惜現在，用心生活，努力工作，才能留下美好的回憶；否則毫無建樹，空白度日，記憶的金庫將乏善可陳。似此生動的比喻，將使文章變得更鮮活。

大抵寫抒情文時，如果能掌握以上「自然真切」、「細膩深刻」、「婉曲清新」三個原則，多加斟酌；要寫出出色生動的抒情文，必定指日可待。

筆記欄

第17話 說明文

說明文在目前是比較少獨立出現的一種文體，但是它往往是其他文體必須用到的一種行文體裁，所以我們對說明文也要有相當的認識才行。

依照曾忠華教授《作文津梁》，說明文的定義是這樣的：

說明文的要旨：

在於說明事物的道理，使人理解。如「一本書的啟示」，重在說明某一書對自己的觀念、學業、做人的態度等有何啟示，有何影響？就是屬於說明文。

說明文的功用：

1. 說明名物的定義、性質、種類和作用。
2. 說明事理的界義、原因、方法和結果。

3. 說明抽象的概念。

從這個解釋，我們可以理解，說明文往往只是一個手段，它可以出現在記敘文中，也可以出現在議論文中，甚至於抒情文也不可少它，因為任何文章中都不可避免有客觀、具體事物的說明，所以說明文是學習作文不可忽略的一環。

記敘文中不可以缺少說明部分。事實上，一篇記敘文的主體本來就是說明部分，譬如寫「充實的一天」這個題目，我們一定至少要寫出一大，而這一天一定是發生了許多令人覺得很充實的事，這些部分便是說明文了。至於這一天所發生的事為何讓人覺得很充實，充實的這一天讓你有什麼樣的感受，你對生活中的每一天因此有什麼期望，這些推闡開來的部分便是記敘文應該具備的了。又如「泥土」這麼一個題目，我們如果只寫泥土的物理性質、泥土的經濟效益、泥土的地理分布，那便是純粹的說明文，如果我們做一篇科學性的報告，那麼這樣的寫法是非常完美的；但是，如果我們是寫一篇普通性質的文章，這樣的寫法便太枯燥無趣了。的確，記敘文和說明文的區別大致也就是在這「有趣」和「無趣」上，雖然它們有時候幾乎沒有什麼差別。所以我們寫泥土的物理性質時，往往暗中卻是在比喻人類的個性；我們寫泥土的經濟效益時，往往暗中卻是在比喻人的才幹，這樣的記敘文才不會被人譏為流水帳。這就是記敘文和說明文的關係。

議論文也不可以沒有說明部分，談論道理第一重要的就是要把很多道理的定義說清楚，例如寫「最苦與最樂」，我們當然要把什麼是最苦說明清楚，它不是生理上味覺器官所嘗到的苦，而是心理上所感到不堪負荷的痛楚；寫「論汙染」，首先要把物質的汙染和精神的汙染說明清楚。除了把和題目有關詞語說明清楚之外，接下來的推論，一步一步都要說明，這應該是大家都能理解的。

抒情文中當然也不可缺少說明文的部分。如果只是純粹的抒情文，往往讓人覺得很空泛，不踏實，因為它沒有具體的事情做基礎。這道理和議論文一樣。因此抒情文如果能適度地加上一些說明部分，可以使讀者感覺比較親切，比較願意接受。譬如說陳之藩先生的〈失根的蘭花〉是一篇很深刻的抒情文，但裡面有關他如何在美國看花，因而引起他失根的感覺，這一部分仍然要很明白地交代，所以文章一開始說：

顧先生一家約我去費城郊區一個小的大學裡看花。汽車走了一個鐘頭的樣子，到了校園。校園〔美得像首詩，也像幅畫〕。依山起伏，古樹成蔭，綠藤爬滿了一幢一幢的小樓，綠草爬滿了一片一片的坡地；除了鳥語，沒有聲音。〔像一個夢，一個安靜的夢」。

花園有兩片，裡面的花，種子是中國來的。一片是白色的牡丹，一片是白色的雪球；在如海的樹叢裡，閃爍著「如星光的丁香」，這些花全是從中國來的吧！

（陳之藩〈失根的蘭花〉）

這兩段文章，除了用「」括起來的部分是用了比喻的修辭手法來說明外，其他都是很清楚明白的直接說明，由於這些說明，使我們知道陳先生為什麼會有失根的感覺。如果抽掉這些說明，我們就不知道陳先生因為被邀請去一所「小的大學」看花，因為花很美，讓他聯想到這些花和故鄉的花長得一樣，但是給他的感覺卻不一樣，原因就在他失了根，飄零在異國的泥土上，所以眼前的花越美，他的失落感就越重。如果沒有這些說明，直接寫「一個人如果飄零在異國，會有失根的感覺」，這種失根的感覺只要兩、三句話就說完了，如何能產生震撼人心的力量呢？

雖然在一般人的作文需求中，寫純粹說明文的機會非常少，但它既然是各類文體所不可少的部分，所以如何寫說明文，還是不得不講求的。說明文可以分兩種，第一種是純粹的說明文，如科學報告、業務說明之類的文章，必須力求詳盡，把所有需要表達的對象鉅細靡遺地表達出來，稍有遺漏，便是缺陷；但是另一種部分說明文便不同了，作為其他文章中的一部分的說明部分，雖然也要清楚明白，但是絕對不能鉅細靡遺，相反地，它一定要經過挑選，挑選最精華的部分來寫，其餘部分一概割捨。這就像照風景相，一幅風景可以照的部分很多，我們如果不加選擇，全部納入鏡頭，這種相片如何能產生震撼人心的力量呢？郎靜山先生的攝影所以能令人讚嘆，就是因為他所選取的風景都是最美、最精華的部分，再把這些最精華的部分用各種藝術手法組合起來，一幅驚世傑作就這麼完成了。作文也是這樣，經過選擇的許多最精粹的說明部分，經過最文學的手法組合起來，當然也就是一篇雋永動人的好文章了。用前面所引陳之藩先生的〈失根的蘭花〉的前兩段為例，「顧先生一家約我去費城郊區一個小的大學裡看花」，這個「小的大學」是什麼大學，要不要寫出來呢？如果寫出來能夠增加文章的力量，那麼當然應該寫；如果寫出來不能增加文章的任何力量，那麼寫出來便是浪費。「汽車走了一個鐘頭的樣子」，可以使我們知道這所「小的大學」大概離囂鬧的市區有一段距離，所以會有比較美的景觀。接下來的敘述，如「校園美得像首詩，也像幅畫。依山起伏，古樹成蔭，綠藤爬滿了一幢一幢的小樓，綠草爬滿了一片一片的坡地；除了鳥語，沒有聲音。像一個夢，一個安靜的夢」，寫得非常詳盡。為什麼陳先生對這所「小的大學」叫什麼名字？在哪裡？

完全不加介紹，反而對校園內的景觀寫得這麼詳細呢？因為陳先生這篇文章是要寫一種思鄉的情感，美麗的風景可以引起人們的喜愛，但是如果不是我們的家鄉，那麼這些美麗的風景有時反而引起我們這些異鄉遊子的傷感，而且是風景越美，我們越傷感。所以陳先生在〈失根的蘭花〉文中要極力寫出那所「小的大學」的美景，原因便在這裡。這便是作為其他文體中的一部分的說明文要審慎地選擇的緣故，它絕對不能寫得像流水帳，讓人抓不到你所要表達的重點。

要說明一樣事物，除了直接敘述之外，還有其他方法，第一是用譬喻，例如：「交朋友像讀書，交好朋友像讀好書」，很簡單的一句話就把交好朋友的重要說明了；譬喻也不限一個，如：「校園美得像首詩，也像幅畫」，很簡單的兩個譬喻便把校園的美麗說明了；朱自清的〈春〉說：「春天，像剛落地的娃，從頭到腳都是新的，它生長著。春天，像小姑娘，花枝招展的，笑著，走著。春天，像健壯的青年，有鐵一般的胳膊和腰、腳，它領著我們上前去。」三個譬喻便把春天的新鮮可愛、美好動人、生氣蓬勃鈎劃出來了。譬喻用得好，可以給人非常強的感受，所以我們應該在這上面多用心，多創造。有人說：「第一個用蘋果來比喻臉龐美麗的人是天才，第二個這麼用的人是聰明人，第三個這麼用的就是普通人了。」秦少游寫「自在飛花輕似夢，無邊絲雨細如愁」，以抽象的「夢」

和「愁」比喻具象的「花」和「雨」，這是前人從來沒有用過的，所以這兩句譬喻成了千古名句。陳之藩〈失根的蘭花〉說那所「小的大學」美得「像一個夢，一個安靜的夢」，正是模倣秦少游的「自在飛花輕似夢」，是一段很成功的說明的範例。

其次可以用例證。一篇文章如果只是純粹講理論，會讓人不易理解，變成一堆空話。孔子曾說：「吾欲徒託空言，不如見諸行事之深切著明也。」意思是：「我想用純粹說教的語言來講一些道理，但卻不如把這些道理寄託在許多深刻的史事來表現來得深刻明白。」「徒託空言」，就是純粹地只說大道理；「見諸行事」，就是以具體歷史事物來說明、印證那些大道理。例如我們寫「交友」這個題目，如果只能寫出交友是什麼，或者引某些名言像：「交好朋友像讀好書。」之類的話，讀者看了不會有什麼感動，但是我如果能舉出管仲和鮑叔牙的故事來加深交友的意義，那麼讀者對「交友」的意義和重要自然就會產生很深的印象了。管仲從小窮困，鮑叔牙對他百般袒護：管仲和鮑叔牙分錢，管仲分得多一些，鮑叔牙不但不怪管仲，反而很體貼地說管仲窮，需要多分些錢；管仲幫鮑叔牙做事，做失敗了，鮑叔牙不但不怪管仲，卻說管仲不是能力不行，而是一時運氣不好；管仲三次在朝廷做事，三次被國君驅逐離開，鮑叔牙不怪管仲，反而說管仲只是時機不對；管仲三次參加戰役，三次臨陣脫逃，鮑叔牙不但不怪管仲，反而說管仲是家有老母必須奉養；管仲支持的公子糾失敗了，召忽因此殉職，管仲卻不肯死，鮑叔牙不但不怪管仲，反而說管仲是不拘小節，而希望成就更偉大的事功。所以管仲成功以後，非常感謝鮑叔牙，他說了一句非常有名的話：「生我者父母，知我者鮑子也。」像管仲這樣運氣不好的人，一般人一定會認為是他的能力不行，如果不是因為得到鮑叔牙的幫助，那是絕對不可能成功的。經過我們把管仲和鮑叔牙深交的經過做了細膩的說明，讀者對「交朋友」的重要就可以有很深刻的認識了。

除了以上的二種方法之外，說明當然還有很多方法、很多技巧，但在談作文方法這樣的書中是不可能全部談到的，這些方法大都屬於修辭學，因此讀者如果要多學些說明的技巧，多讀些修辭技巧的文章、書籍，多讀些優美動人的作品，自然就能領會了。

第18話 議論文

議論文是所有文體中最基礎的一種。記敘文主在記敘事物；抒情文主在抒發情感；議論文則主在析理辨義。人類寫文章可以不帶情感，但是絕對不可能理路不清。議論文的訓練正是達成這一種需求最有效的手段，因此我們對議論文要格外的講究。

議論文的目的有三：一是辨析事理；二是判斷是非；三是說服對方，即讀者。我們寫作議論文時，心中一定要時時想著這三個目的，那麼就可以讓文章保持精鍊，不容易叉出正題了。

為了要辨析事理，我們一定要學會議論文的審題、布局，把事理的來龍去脈鋪敘得清清楚楚。因此有起、承、轉、合等要訣出現。為了要判斷是非，我們一定要多讀書、多思考，把事理的是非得失弄清楚，才不會把一己的私意當作是公論，害人又害己。為了要說服對方，我們除了把事理辨析清楚之外，還要揣摩對方的心理，人類的愛好有時和是非對錯無關，譬如說在飲食方面有人喜歡甜的、有人喜歡酸的，這無所謂誰對誰錯，但是如果我們對讀者的好惡完全不知道，那麼事理辨析得再清楚，有時也只是對牛彈琴，不對路。以下，我們就分項來敘述。

審題，是要把題目的意思弄清楚，譬如說「苦與樂」這個題目，我們如果把它當作記敘文來作，寫了一大篇自己的苦事與樂事，那就離題了。因為這個題目不是要人寫「我的苦事與樂事」，它是要人寫「苦」和「樂」的相對關係，苦是人人討厭的，但一個人如果能夠堅守理想，吃苦耐勞，那麼往往能苦盡甘來，得到最後的勝利；樂是人人喜歡的，但是一個人如果一天到晚沉溺在享樂中，那麼最後一定會「死於安樂」，一事無成。這才是這個題目要我們表達的內容。

有人也許會想，現代是鼓勵多元化的社會，你要我這麼寫，我偏偏不肯這麼寫，而且為什麼一個題目只能有一種寫法？這種想法在現代某些教育工作者的推波助瀾下，所謂的「新新人類」最容易有這個傾向。不錯的，進入後工業時代以後，人類社會的價值取向有多元化的趨勢，再也不應該只是定於一尊；但是我們也要了解，人類存在的這個世界有變動不居的事物，也有永遠不變的東西，我們不要矯枉過正，把恆常不變的東西也全盤否定。例如一般人的時間是一去不回的，仁愛是大多數人喜歡的，而仇恨是大多數人討厭的，這些東西，我們永遠不可能去否定它。其次，許多事物沒有絕對的對和錯，但有相對的好和壞，譬如：「財富」是大多數人喜歡的，「貧窮」是大多數人討厭的，但在西方的希臘哲學家伊壁鳩魯，或東方的老莊學說中，「財富」或許有礙於人類對真理的追求，而「貧窮」卻可能代表人類擺脫了對物質的依賴，大大的有助於人生境界的提升。但在這二種說法中，一般人會選擇哪一種呢？一般的文章是要寫給一般人看的，即使我們堅信「貧窮」對我們的生命比較有意義，但我們至少也應該知道一般人還是喜歡「財富」的。一廂情願不是寫文章所應具有的態度。

題目審理清楚之後，我們要分析這個題目是單題式？還是雙題式？或多題式？單題式如「談交友」、「談孝道」之類的題目，除了照正規的起、承、轉、合鋪排外，著重在內容如何擴大，堂廡如何打開。雙題式有許多種，有的是相反式，如：「善與惡」、「成功與失敗」、「最苦與最樂」，它們彼此之間的相反性是非常明顯的，善的相反絕對是惡，成功的相反絕對是失敗，最苦的相反絕對是最樂，這是不容懷疑的；有的是相對的，即兩子題有相對立的部分，也有相輔相成的部分，如：「知與行」、「讀萬卷書、行萬里路」、「人情味與公德心」等，知和行是不相統屬的兩件事，但知可以幫助行，行可以印證知；「讀萬卷書、行萬里路」、「人情味與公德心」的關係也是這樣；有的相對立的成分較少，或者沒有，相關、相輔性較強的，我們可以叫做「並立式」，如：「孝親與尊師」、「讀好書、交益友」、「決心與信心」，孝親與尊師之間並沒有相反關係、對立關係、從屬關係，它們之間只是有點類似，但各有各的範疇而已，「讀好書、交益友」、「決心與信心」也是這樣，或許我們可以說，這類型的兩個子題之間是「有點像，又不太像」；有的是包孕式的，也就是一大一小，乙小題其實是包孕在甲子題中的，如：「犧牲小我，完成大我」，「犧牲小我」才能「完成大我」。

多題式的作文題目，一般而言是比較少見的，但也不是完全沒有，如：「你我他」、「昨日、今日、明日」、「談四維」，它們之間也各有各的關係，如：「你我他」是相對性的，彼此之間永遠有衝突，但又不能不合作，就像德國大哲學家說的：「人類就像冬天的一群刺蝟，必須靠在一起互相取暖，但靠得太近了又會互相螫到。」「昨日、今日、明日」也有相承的關係，但又不大一樣，逝去的是昨日，未來的是明日，夾在中間的是今日，但每一個今日都將變成昨日，而每一個昨日也都曾經是明日。「談四維」，則必須了解「禮」、「義」、「廉」、「恥」四者是並立的小子題，它們之上有一個共同的大帽子——國家，因為管子曾說：「禮、義、廉、恥，國之四維，四維不張，國乃滅亡。」

由以上的分析來看，題型的判斷好像並不難，實際上卻不然，有些題目並不是那麼容易判斷的，例如：「人情味與公德心」這個題目，一般人會認為它是個相反式的雙題，講「人情味」的民族大多不重視「公德心」；有「公德心」的民族往往較缺乏人情味。但事實上完全是這樣嗎？在先進國家，人民往往既有公德心、又有人情味，而且是越有公德心的人越有人情味；但在落後地區，人民往往既無公德心、又無人情味，而且是越沒有公德心的人越沒有人情味。從這個角度來看，人情味和公德心反映了一個國家現代化的程度和這個國家人民的受教育程度，現代化程度高的國家的人民多半是有公德心的，因為他懂得「推己及人」，而懂得「推己及人」的人當然一定也會有人情味；相反的，沒有公德心的人一定也不會有人情味，他的人情味只會對自己的親人，那怎配叫做人情味？那只能叫做私情！

再說，同一個題目由不同的人來審，也會有不同的判斷。例如：「讀書與運動」，有些人認為運動會妨礙讀書，當然這多半是「非常」老的那一輩的想法，現在大概沒有人會這麼主張了；另外有些人會認為，適度的運動當然有益讀書，但讀書好像對運動沒有什麼幫助；現在比較了解運動的人則都知道，讀書大大的有益於運動，一位優秀的運動家一定要多讀書，他對力學原理、人體工學、運動醫學都要有一定的認識，才能把運動技巧發揮到極致，創造運動場上的佳績。由此看來，審題還真不是一件簡單的事兒。所以我們常說：如果能把題目審理清楚，一篇文章大概已經可以算完成了一半了。

審題所以這麼複雜，是因為這裡牽涉到學問知識的關係，知識學問越高的人，他對一個題目的考慮也就越深，他的解釋或許和別人不同，但只要他能說得讓人服氣，那麼對題目的解釋越和別人不一樣越好，越能顯示他學問的淵博和見解的卓越。歷史上宋朝人最喜歡寫這一類的文章，大家認為孟嘗君是戰國時代了不起的「四公子」之一，王安石偏偏要寫一篇〈讀孟嘗君傳〉來批評孟嘗君其實不會養士，只會養一批雞鳴狗盜的酒囊飯袋；歷史上認為唐太宗是一位非常賢明的國君，歐陽脩偏偏要寫一篇〈縱囚論〉來批評唐太宗做秀，騙取歷史上的好名聲。這類文章如果寫得好，當然是天地間第一等的好文章，但是那要多讀書、多思考才有可能寫出來的。由此看來，作文若要好，讀書不可少。

題目審完之後，布局大概也出來了。一般人寫作文最大的毛病是格局打不開，內容太貧乏。翻來搗去，寫的都是差不多的那幾句話，這固然大半的原因是讀書太少，腹無詩書，但和不懂作文方法也有密切的關係。議論文的布局，一般講究起、承、轉、合，重點其實是在「轉」，如果不懂得轉，那文章註定是要卑弱貧乏的。但是，文章要怎麼轉呢？這還是要看題目的性質而定。

首先要多用辯證法，即從正正反反去發揮。拿到一個題目先從正面去談（一拿到題目就先談反面，是比較有吸引人的效果，但搞怪了些，容易引起某些人的反感，反而弄巧成拙），正面談完再談反面。例如寫「談交友」，談完交友的好處之後，似乎就沒什麼可寫的了，這時如果能再談談沒有交友的壞處，那麼文章的內容就豐富多變化了；寫「談孝道」，談完孝順的重要之後，再談不孝順的可怕，文章當然會比較深刻。寫「貧與富」，正面的敘述當然是貧是人人討厭的，而富是人人喜歡的，但從相反的一面來看，貧窮能激發人的上進心，使人趨向成功，而富卻往往使人墮落，所謂「富不過三代」，便說明了這個道理。其次，可以從人、事、物、時、地等不同方向去想，人有貴賤身分的不同，同一個孝道，《孝經》中便從天子之孝、諸侯之孝、卿大夫之孝、士之孝、庶人之孝等五個方面去談，所以能把孝道闡釋得非常周備而深入。事有大小、物有輕重、時有古今、地有南北，這都為我們擴大文章寫作的範圍提供了非常多的探討方向。最後，是加深層次，從具象跳到抽象，從淺處跳到深處。例如羅家倫先生寫〈運動家的風度〉，在探討完運動家要守規律做君子之爭、要有服輸的精神、要言必信行必果之後，在末段跳到運動競賽彷彿人生競賽，所以他的結束語寫著：「運動家的風度表現在人生上，是一個莊嚴公正、協調進取的人生。有運動家風度的人，寧可有光明的失敗，決不要不榮譽的成功！」

這是多麼漂亮的結尾！寫「談汙染」這種題目，後半當然要把文章從物質的汙染轉到精神的汙染，否則文章就太貧瘠了。

議論文的第二個責任是判斷是非。胡適先生曾說：「理未易知，事未易明。」連胡適先生這樣飽讀群書、舉世知名的大學者都還認為天下事的是非不容易完全了解，天下的道理不容易澈底知道，何況我們一般人呢？因此要能做到正確地判斷是非，的確是一件很不容易的事。中國古人吃狗肉，現代受西方文化影響的人覺得那很殘忍，狗是人類最忠實的好朋友哪，怎麼可以吃牠的肉呢？但是西方人坐在高雅的餐廳，披上清潔的餐巾，拿著刀叉，大口啖著牛肉時，他們心中是否也想過，牛也是人類最忠實的朋友！西方人批評東方人使用象牙，殘害大象，但是非洲農人田地裡的農作物被成群的大象踐踏而死，當這些非洲人望著一片凋零的田地，煩惱生活沒有著落時，有沒有人為他們的生命考慮過？由此看來，人類社會有些是非是放諸四海而皆準的大是大非，有些只是適用於某一些特定時空的小是小非罷了。如何去區分哪些是大是大非，哪些是小是小非，除了多讀書、多思考之外，別無他法。梁啟超先生的〈最苦與最樂〉所以夠得上是一篇好文章，因為他把苦和樂的意義剖析得非常深刻，他告訴我們，吃苦往往就是享樂，我們一輩子永遠有吃不完的苦，所以我們有享不完的樂，一個人有這樣的體認，自然能「居天下之廣居，行天下之大道」，享受「勞其筋骨、餓其體膚、空乏其身」的快樂。能闡發出這種大是大非，大概沒有人讀了之後能不被感動的，我們寫文章雖不能達到這樣的境地，但總要以這樣的標準來自我期許！

當然，有很多事物未必都有是非可以判斷，對那些只牽涉到好惡，而與是非無關的事物，我們就要懂得揣摩人心，針對我們所要發表的對象提出讓對方能接受的說詞。在回教流行的地區少用豬當例子，在基督教流行的地區少談佛教，升學考試的作文儘量少批評哪所高中好、哪所高中不好，萬一閱卷老師是我們所批評不好的那所學校的老師，那麼我們的文章總要不可避免地吃些虧的。政治觀點尤其最好避免，某些人的政治立場很鮮明，而且與別人不一樣，如果作文寫作者的政治觀點和這位閱卷者不同，那也不可避免地要吃虧了。梁啟超的〈敬業與樂業〉中有一段話：

我從前看見一位法國學者著的書，比較英、法兩國國民的性質，他說：「到英國人公事房裡頭，只見他們埋頭執筆各做各的事；到法國人公事房裡頭，只見他們銜著煙捲像在那裡出神。英國人走路，眼注地下，像用全副精神注在走路上；法國人走路，總是東張西望，像不把走路當一回事。」這些話比較得是否確切，姑且不論；但很可以為敬業兩字下注腳。

（梁啟超〈敬業與樂業〉）

這段話，梁任公本人都不敢說它是否確切，可見它本身是有很大的爭議性。如果我們寫作文談論「敬業與樂業」，再引用梁先生的這一段話，那就是有點不太妥當了。何況所謂的「國民性質」往往只是某些野心家所最愛提倡的政治偏見，原來沒有什麼學理依據的。

議論文要寫得好，論理精闢透徹是一個要點，引證具體深刻也是一個要點。每段議論談完之後如果能來一段歷史為證——不管這歷史是發生了五千年的，還是不久前剛發生的——都能夠給人比較生動鮮明的印象。羅家倫先生寫〈運動家的風度〉，談論人生除了在運動場上要有服輸的精神外，在政治的運動場上也要有服輸的精神。談完了這個道理之後，他立刻舉了一個實例：

譬如這次羅斯福與威爾基競選，在競選的時候，雖然相互批評；但是選舉揭曉以後，羅斯福收到第一個賀電，就是威爾基發出的。這賀電的大意是：我們的政策，公諸國民之前，現在國民選擇你的，我竭誠地賀你成功。

（羅家倫〈運動家的風度〉）

威爾基的服輸及他的賀電，確是美國民主中最令人稱頌的部分，尤其比較我們的選舉，每次選完之後，落敗者不是發電祝賀勝利者，而是率眾包圍選務處，抗議選務不公平，弄得煙硝四起，而最後絕大多數卻都是無中生有的抗議！

一個好的事例，可以抵得上千言萬語，而且讀者可能忘了你說的道理，但對你說的事例卻印象深刻，畢生難忘。

和引證事例同樣重要的是引證名言。所謂名言，往往是先哲文豪聚集了許多智慧的結晶，古人非常重視這種結晶，把它叫做警策。所以我們看古代好的文章大都可以摘出其中最精粹的句子，如：孟子說：「生於憂患，死於安樂。」范仲淹的〈岳陽樓記〉說：「先天下之憂而憂，後天下之樂而樂。」蘇軾的〈赤壁賦〉說：「自其變者而觀之，則天地曾不能以一瞬；自其不變者而觀之，則物與我皆無盡也。」這些話說得晶瑩剔透，令人再三吟詠，不能自已。我們的文章也許還不能創造這些金句，但是我們可以引用這些金句，把別人的彩繪拿來裝飾自己的門面，效果也是一樣的。

現代學子常常不知道有什麼事例和金句可以徵引，所以常常只能在作文中徵引電視的廣告詞，例如：孫越說：「好東西要和好朋友分享！」「我聽到花開的聲音。」「幻滅是成長的開始。」「肝（官）如果不好，人生是灰色的；肝（官）如果好，人生就是彩色的。」這些廣告詞不是不好，也不是不能引，但是因為它們在電視上被傳播得太頻繁了，變得人人都知道，已經失去新鮮感了，如果只能徵引這些人人熟知的東西，那麼就是正好暴露了自己不讀書，腹笥太窘的弱點。這樣的徵引不如不要！

那麼，如何增加自己腹笥的存貨呢？經常高居暢銷書排行榜第一名的劉墉先生說，他從大學時代起就培養了一個好習慣，每次讀書遇到好的故事或好的句子，一定立刻用筆在活頁紙上記下來，時時加以分類整理，久而久之，累積的故事和金句便多了起來，直到今天，他寫的暢銷書用語精鍊、事例雋永，最重要的便是他有這一大批自己累積了幾十年的筆記本。成功者是這麼做的，那麼我們當然可以向他學習，久而久之，我們也擁有自己的資料庫，寫文章就不是什麼難事了。

第19話 綜合運用作法

習慣上雖然將文章分為「記敘文」、「論說文」、「抒情文」等類，而實際臨文寫作時，記敘、論說、抒情這三種成分是相輔相成的。記敘文所重在「象」，即一切事物的動作狀態；論說文所重在「理」，即由事物中推求而來的道理法則；抒情文所重在「情」，即對事物萬象主觀的感觸。然而，如果文章中只有「象」，而沒有「理」和「情」，往往流於膚淺乏味；只有「理」而沒有「象」與「情」，勢必流於說教而無生氣；只有「情」而沒有「象」與「理」，又會流於矯揉濫情。因此，想要寫出好文章，必須掌握三者的綜合運用。

一、記敘與論說的綜合

文章中的「象」與「理」，記敘和論說，經常是如影隨形，相伴而至的。從「象」中抽繹、歸納出「理」，這樣的「象」才有深度，才有意義，這是先敘後議的寫法；說「理」之後，由「象」加以印證，這樣的「理」才有依傍，才能服人，這是先論後證的寫法；還有一種是「象」與「理」間雜交錯，這即是夾敘夾議的寫法。

㈠**先敘後議**。善於議論、說理的人，往往在論說之前先敘述一個故事，然後再導入正題。如果所敘述的故事是天馬行空的寓言，那麼，深奧的道理也會變得很有趣，例如《莊子》、《韓非子》中的故事；如果所敘述的故事是身旁周遭的見聞，那麼，嚴肅的道理也會顯得很親切，例如王鼎鈞「人生三書」中的小品。

「人生三書」是指《開放的人生》、《人生試金石》、《我們現代人》等三部談論人生哲理的著作。三書中收的是每篇三百字左右的短文，它們的共同特色是：以先敘後議的筆法，深入淺出的文字，表達親切有味的處世哲學，極適合中學生閱讀。以下為出自《人生試金石》中的〈得理讓人〉：

張先生駕駛汽車，送一位得了急病的鄰居就醫。路上車輛很多，秩序紊亂，而且每隔一百多公尺就有一個十字路口。張先生心裡急得要命，可是他不能闖紅燈，不能按喇叭，不能超車搶道；他得耐著性子，在擁擠的車流中依序前進。

（王鼎鈞《人生試金石．得理讓人》）

由張先生辦急事、做好事，卻不能超車搶紅燈，仍得遵守交通規則的事實，引出末段議論：

做事要耐煩，做好事尤其如此。做壞事的人往往自知理屈，能忍受一切盤根錯節之處；做好事容易因理直氣壯而憤慨負氣，以致人間好事多磨。昔人說：「世上多少好事，被壞人破壞了！也有多少好事，被好人辦壞了！」好人怎麼會辦壞了好事呢？他心裡當然是希望辦好，可是他自己若缺乏成事必需的耐性，有的只是任性，認為自己是好人，不屑於忍氣吞聲，結果就可能把事情弄砸了！所以我們凡事固然要求「得理」，同時還必須懂得「讓人」。

（同前）

反覆說明好人之所以辦壞了好事，就是因為自以為「得理」而不懂「讓人」，以至於憤慨負氣。透過張先生的事例，使得文末的論說有憑有據，不致鑿空議論。

劉蓉的〈習慣說〉，也是一篇先敘後議的文章，由「蓉少時，讀書養晦堂之西偏一室」至「又久而後安之」為記敘自身經歷；由「噫！習之中人甚矣哉！」至「故君子之學貴慎始」為說理，行文簡捷而脈絡清楚。

㈡**先議後敘**。論說文中「起、論、證、結」的結構，即是「先議後敘」的寫法。這樣的文章，先論說事理，再記敘事例作為驗證，如彭端淑〈為學一首示子姪〉，第一、二段屬於論說，第三段是例證，第四段是結論，布局、結構非常嚴謹。第一段先泛說：

> 天下事有難易乎？為之，則難者亦易矣；不為，則易者亦難矣。人之為學有難易乎？學之，則難者亦易矣，不學，則易者亦難矣。（彭端淑〈為學一首示子姪〉）

由做事之道，引入正題：「為學」之道，強調「學」的重要。第二段說明人的資質、才能，雖有昏庸和聰敏的分別，但如果努力學習，昏庸的自可趕上聰敏的；不努力去學，聰敏的和昏庸的終究沒有兩樣。這一段是承接第一段來發揮。第三段如果再論說，文章勢必顯得乏味，因此，作者筆鋒一轉，敘述了一個蜀僧赴南海的例子：

蜀之鄙有二僧，其一貧，其一富。貧者語於富者曰：「吾欲之南海，何如？」富者曰：「子何恃而往？」曰：「吾一瓶一鉢足矣。」富者曰：「吾數年來欲買舟而下，猶未能也。子何恃而往？」越明年，貧者自南海還，以告富者，富者有慚色。（同前）

顯然，作者是以富僧擬喻資質聰敏的人，以貧僧擬喻資質平庸的人。富僧畏首畏尾，終究去不成南海；貧僧劍及履及，一瓶一鉢，終能實現自己的心願。因此，第四段結論指出：「自恃其聰與敏而不學，自敗者也」，「不自限其昏與庸而力學不倦，自立者也」，呼應並強調「力學不倦」的題旨，就顯得穩當有力了。

夏承楹（何凡）的〈運動最補〉一文，在揭櫫「藥補不如食補，食補不如運動補」，鼓勵人們多運動之後，也敘述了美國康度斯到八十七歲還當眾做一千次仰臥起坐，我國楊森將軍九十六歲還每天做早操、打羽球，兩個運動保健的實例，證明運動可以延年益壽，確實遠勝於藥補和食補。

㈢**夾敘夾議**。篇幅較短的文章，或先敘後議，或先議後敘，往往由一段論說，一段記敘，外加開頭和結尾所構成。但是，篇幅較長的說明文，結構可能就比較複雜，它往往記敘與論說相間，也就是說，先記敘一件事，然後針對此事中的某一點引出論說，在論說中又把討論重心轉移到相近或相關的主題，然後再針對轉移後的主題舉例驗證，在記敘例證時又引出論說……，這樣愈談愈深入，直到把主旨闡述清楚為止，形成「夾敘夾議」的結構。

以劉墉〈你自己決定吧〉為例，文章開頭先敘述自己最近為了搬家收拾東西，忙得昏天黑地，兒子則好整以暇，遲遲沒有動靜，直到距搬家只剩兩天的時間，才開始打點紙箱，卻又不斷問：「怎麼封箱底？」「不要的書是否要送圖書館？」……作者一概答以：「你自己決定吧！」要兒子自己作主，接著引出一段闡述「作主」意義的高論：

> 作主是不必凡事去請示；作主是能按照自己想做的方式去做。作主是擁有支配的權利！作主是不必再聽別人使喚！
>
> 但記住！作主也是對自己的行為負完全的責任，甚至對別人負責！因為個人的行為會影響別人，當然自己作主，也就要考慮對別人的影響。……
>
> （劉墉〈你自己決定吧〉）

這算是第一層的敘與議。接著，作者再就「作主是對自己行為負責」這個觀念，轉述了成功嶺長官說過的一段話：打仗時上級只要求你幾點幾分攻下目標，不會問你體力行不行、火力夠不夠、糧食足不足——那是你自己的事，而幾點幾分攻下那個據點，則是你無法逃避的責任。

敘述之後，又是一段針對「逃避責任」而發的論說：

是的，責任常常無法逃避。一個成熟的人，必定是能從頭到尾負責的人。因為他知道：責任是一環扣著一環的，班長無法達成排長交下的任務，排長沒法達成連長交下的任務，這樣一層層推上去，只要下面的人不能完成使命，上面的目標也就無法達成。……（同前）

這是另一層敘與議。因此，〈你自己決定吧〉一文，便是由「敘、議、敘、議、結」這樣的結構組成的。

二、記敘與抒情的綜合

記敘文如果沒有融入感情，就像緞帶花或乾燥花，缺乏生命力；抒情文如果沒有融入記敘，就容易流於嘻笑怒罵或無病呻吟。

先說寫人，除了傳形摹神，刻劃人物的種種特性、描述人物的重要事跡外，還應該寫出作者對所記人物的感情。胡適在〈母親的教誨〉前三段中，歷敘母親每天催他上早學，作者犯了大錯，母親就罰跪、擰肉，嚴加責罰；得了眼翳病，母親又用舌頭舔病眼等種種往事，最後一段用抒情的筆調作結：

我在母親的教訓下住了九年，受了極大極深的影響。我十四歲便離開她了。在這廣漠的人海裡，獨自混了二十多年，沒有一個人管束過我。如果我學得了一絲一毫的好脾氣，如果我學得了一點點待人接物的和氣，如果我能寬恕人，體諒人，我都得感謝我的慈母。

——胡適〈母親的教誨〉

作者自認在母親嚴格而又慈愛的教誨下，才能學得好脾氣、學得待人處世的道理，因此，對母親充滿感謝之情。如果去掉這抒情的一段，就如同做菜不放鹽和味素，咀嚼起來，必然滋味大減。

再說寫物，無論是寫動物或植物，最重要的是要在文章中表現出「物我之情」。所謂：「民吾同胞，物吾與也」，這種民胞物與的胸懷，正是文人「寫物言志」的情感基礎。換句話說，在文人筆下，「寫物」往往只是手段，「言志」才是目的。

梁實秋寫〈鳥〉，第一段是簡單明瞭的三個字：「我愛鳥。」開門見山表達對鳥的感情。然後依序描述以前所見的提籠架鳥、在四川聽杜鵑啼叫，看各種不知名的鳥在枝頭跳躍，看白鷺拳腿縮頸佇立稻田。最後一段抒寫時移境遷後的心情：

> 自從離開四川以後，不再容易看見那樣多型類的鳥的跳盪，也不再容易聽到那樣悅耳的鳥鳴，……黃昏時偶爾還聽見寒鴉在古木上鼓噪，入夜也還能聽見那像哭又像笑的鴟梟的怪叫。再令人觸目的就是些偶然一見的囚在籠裡的小鳥兒了，但是我不忍看。
>
> （梁實秋〈鳥〉）

鳥聲的悅耳或聒噪，固然與鳥的種類有關，更重要的是與聽者的心情有關。作者末段回到現實，寫眼前所見所聞的鳥不如四川的鳥可愛動聽，其實充滿了追懷過往的惆悵之情。

至於寫景，更須融入作者的情感。人的心情會隨外在的景物而改變，當憂悶時，投入山水林泉，欣賞翠樹雜花，往往會把種種煩惱拋到九霄雲外，這是「情因物遷」；同樣的景物也會觸發不一樣的心情：同樣是中秋月圓，有的人正忻悅於團聚，有的人則遠在異鄉低吟「每逢佳節倍思親」；同樣是春花盛開，蝶亂蜂喧景致，有的人陶醉在春光爛漫的旋律裡，有的人卻不耐煩地說：「每當萬象回春的時候，看到群花的鬥豔，蜂蝶的擾攘，以及草木昆蟲等到處爭先恐後地滋生繁殖的狀態，我覺得天地間的凡庸、貪婪、無恥與愚癡，無過於此了！」這是「境由心造」。草木花樹、山海林泉，本依其本然而存在，並無意於排解誰的苦悶或勾起誰的傷情，文人以其多情善感，而移情於山水草木，表現於作品中，是理所當然的。

我們且看李慈銘的一則日記（〈越縵堂日記三則〉之三）：

> 傍晚，獨步至倉頡祠前看稻花。時夕陽在山，蒼翠欲滴，風葉露穗，搖盪若千頃波，山外煙嵐，遠近接簇，悠然暢寄，書味滿胸；此樂非但忘貧，兼可入道。

（李慈銘〈越縵堂日記三則〉）

由眼前所見的大自然美景：「夕陽在山，蒼翠欲滴，風葉露穗，搖盪若千頃波，山外煙嵐，遠近接簇」，不由得感覺心胸悠閒舒暢，因而油然興起安貧入道之樂。面對如此勝景而內心無所感，大概只有木石之人吧！

再看鍾梅音如何「融情於景」。〈鄉居情趣〉中寫浮雲皓月的一段：

柔軟似絮、輕勻如綃的浮雲，簇擁著盈盈皓月從海面冉冉上昇，清輝把周圍映成一輪彩色的光暈，由深而淺，若有還無，不像晚霞那麼濃豔，因而更顯得素雅；沒有夕照那麼燦爛，只給你一點點淡淡的喜悅，和一點淡淡的哀愁。

（鍾梅音〈鄉居情趣〉）

如綃似絮的浮雲，簇擁著盈盈皓月自海上升起，清輝映著彩色的光暈，素樸而淡雅，靜謐而幽渺，澄淨中帶著迷離恍惚之美，因而牽動作者一點微微的喜悅和淡淡的哀愁，作者不說「給我」，而說「給你」，也許他認為無論何人面對斯景，都會有斯情湧動於心吧！

三、論說與抒情的綜合

論說文重在論道說理，是理性的思辨；抒情文重在抒發情感，是感性的宣洩。理性和感性，基本上是不太容易綜合的，在許多人的心目中，兩者甚至是互相排斥的，換句話說，論說文不宜摻雜感性的成分，抒情文也不宜夾雜說理的字句，以免顯得不協調。

這樣的觀點有一定的道理，卻也不見得全然可信，梁啟超就是一個例子。梁啟超的文章以「筆鋒常帶感情」著稱，所謂「筆鋒」，是指他下筆行文如同刀鋒一般，犀利精到，強調他議論說理解析思辨的獨到工夫；而「筆鋒」常帶「感情」，自然是說他在論說當中，常常融入個人主觀的情感，使得文章洋溢著一股特殊的魅力，既能服人以理，又能動人以情。我們舉〈敬業與樂業〉中的一段為例：

……倘若有人問我：「百行什麼為先？萬惡什麼為首？」我便一點不遲疑答道：「百行業為先，萬惡懶為首。」沒有職業的懶人，簡直是社會上的蛀米蟲，簡直是「掠奪別人勤勞結果」的盜賊。我們對於這種人，是要徹底討伐，萬不能容赦的。……以中國現在情形論，找職業的機會依然比別國多得多；一個精力充滿的壯年人，倘若不安心躲懶，我敢相信他一定能得相當職業。……

（梁啟超〈敬業與樂業〉）

作者為了申明「百行業為先，萬惡懶為首」的主張，因而毫不留情地指責那些沒有職業的懶人，簡直是社會上的蛀米蟲，是掠奪成果的盜賊，認為這種人罪不容赦，應該大加撻伐。這就是梁氏文章的基本風格：在銳利的「筆鋒」下，帶著強烈個人愛憎的「感情」。可見一篇文章中，主觀情感與客觀理性，是可以相互融合的。

周敦頤著名的〈愛蓮說〉，全文雖以說明為主，但文章結尾也寄託了作者深切的感情，文章簡約精美：

水陸草木之花，可愛者甚蕃：晉陶淵明獨愛菊；自李唐來，世人盛愛牡丹。予獨愛蓮之出淤泥而不染，濯清漣而不妖；中通外直，不蔓不枝；香遠益清，亭亭淨植，可遠觀而不可褻玩焉。

予謂：菊，花之隱逸者也；牡丹，花之富貴者也；蓮，花之君子者也。噫！菊之愛，陶後鮮有聞；蓮之愛，同予者何人？牡丹之愛，宜乎眾矣。

（周敦頤〈愛蓮說〉）

前半段旨在說明蓮的特質：「出淤泥而不染，濯清漣而不妖；……可遠觀而不可褻玩焉」，表面句句寫蓮，事實上句句暗寓君子，以與後段「蓮，花之君子者也」呼應。蓮的特質象徵君子和而不同、修絜其行而不攀援狎昵的節操，這樣的君子無論在什麼年代都是鳳毛麟角，極其稀有的。作者愛蓮而感慨「蓮之愛，同予者何人？」並以「牡丹之愛，宜乎眾矣」來做對比，鄙薄時人貪求富貴遺棄清真，情溢於辭。

中國人說話、做事講究「合情合理」，不過寫文章則傾向於「合理合情」，也就是先說理再抒情，只是，抒情的部分，可以穿插於段落中間，也可以安置於篇章最後，這就有待作者巧運匠心了。

四、記敘論說抒情三者綜合

一篇文章，不僅可以融合象與理、理與情、象與情，而且可以是象、理、情三者交融，同時兼含記敘、論說、抒情三種成分。

例如陳源的〈哀思〉，全文雖以記敘為主，卻融入了抒情與論說。文章第一段即是先記敘後抒情：

孫中山先生的靈柩從協和醫院移往中央公園的時候，我也雜在鵠立道旁的數萬人中瞻望。我聽了那沉雄的軍樂，看了那在微風中飄盪的白幡，和在幡下走動著的無組織、無秩序、三三兩兩、男男女女、臂上繫著黑紗、胸前戴著一朵白紙花的千千萬萬的人——大多數是少年人，我已經覺得心中一陣酸痛，眼淚便湧到眼眶裡了。

（陳源〈哀思〉）

作者先描寫他鵠立道旁，在沉雄的軍樂聲中，看白幡飄盪下千千萬萬繫黑紗、戴白紙花的人群，無組織、無秩序地走動著，見到這哀戚的場景，作者也不禁受到周圍氣氛的感染，而內心酸楚、熱淚盈眶了。藉著記敘孫先生移靈過程中耳聞目睹的景象，抒發自己的追懷和哀傷之情，這是記敘與抒情的結合。而文章的最後一段，則是抒情與論說的結合：

> 我在人叢中走了出來，歸途中想到我所見的都是下臺時的孫先生。民國元年那一次，正是他第一次下政治舞台；這一次——末一次，非但下政治舞臺，並且是下人生舞臺了。世界不是一個舞臺嗎？相隔十餘年，每次下臺，都有千千萬萬的人歡迎著和哀悼著，孫先生之外，還有什麼人有這種魔力？孫先生在國人心目中的勢力是怎樣來的呢？我想與其說是他的功業，還不如說因為他的偉大的人格吧！
>
> （同前）

由第一段「雜在鵠立道旁的數萬人中瞻望」，到最後一段「在人叢中走了出來」，這兩段的時間是相銜接的，中間各段則是倒敘和插敘以前所見孫先生兩面的情形。經過前面各段的記敘後，作者「歸途中想到我所見的都是下臺時的孫先生」，遠離了移靈的一幕，情感顯然由激動轉而冷靜，因此，他分析、比較孫先生兩次下臺的不同與相同：不同的是，民國元年下的是政治舞臺，這次下的是人生舞臺；相同的是，每次下臺都有成千上萬的人歡迎或哀悼著。最後歸結：孫先生之所以在國人心目中具有無比的魔力，「與其說是他的功業，還不如說因為他的偉大的人格吧！」藉著議論與說明，一方面凸顯孫先生人格的偉大，二方面表達作者對孫先生的景仰之情。

陳之藩〈失根的蘭花〉，更是意到筆隨，時而記敘時而議論時而抒情。文章首先敘述作者應顧先生之邀，到費城郊區一所大學看花，因為看到花圃中的牡丹、雪球、丁香，勾起作者的回憶和感傷：

由於這些花，我自然而然地想起北平公園裡的花花朵朵，與這些簡直沒有兩樣；然而，我怎麼也不能把童年時的情感再回憶起來。我不知為什麼，總覺得這些花不該出現在這裡。它的背景，應該是來今雨軒，應該是諧趣園，應該是故宮的石階，或亭閣的柵欄。因為背景變了，花的顏色也褪了，人的情感也落了。淚，不知為什麼流下來。

（陳之藩〈失根的蘭花〉）

顯然，作者因為看到牡丹、丁香等生長在北平，生長在中國的花，如今飄零海外，種在費城的大學校園裡，因而聯想、觸發了自己的身世之感，由花的飄流意會到自己的飄流，想家念鄉之情於是油然而生，「淚，不知為什麼流下來」，作者不直說落淚的原因，但讀者必然可以體會得到的。這些段落，主要是透過記敘、回憶來抒情。

另有一段則是透過論說來抒情：

> 古人說：「人生如萍」——在水上亂流；那是因為古人未出國門，沒有感覺離國之苦。萍還有水流可藉；以我看：人生如絮，飄零在此萬紫千紅的春天。（同前）

作者認為：古人所謂的「人生如萍」，尚不能表達他所體驗的離國之苦，因此更進一步比擬「人生如絮」。透過「絮」的「飄零」，對照「萍」的「漂流」，將無可依託、飄零異邦的苦痛，表露得倍加深切。這一段藉說理來抒情，沒有前述一段「淚，不知為什麼流下來」那種憑軒涕泗流的激動，卻更傳達出一種蠟炬成灰，心死淚乾的冷靜的淒哀。

總之，寫文章並沒有一成不變的公式，如果套用公式，很容易流於僵化的八股，因此，我們了解記敘文、論說文、抒情文的不同特質和限制，了解記敘、論說、抒情三者互補與綜合的關係，還應當秉持「多讀書，多思考，多寫作」的理則，用心揣摹、勤練寫作，靈活運用各種文體，那麼，便不難寫成一篇有血有肉的文章了。

第20話　基測作文

任何語文的訓練，都包含聽、說、讀、寫四個部分，而作文正是評量讀、寫方面能力與成就的最佳方式，它一方面可以測驗作者的思想和見識，一方面可以測驗作者的文字運用與表達能力，看看作者是否能夠把自己對某件事的見解、情意，流暢而有條理地表達出來，可說是國文科學習成果的綜合展現，因此，國文科不能不考作文。不過，作文到目前為止尚無法全面電腦閱卷，而人工閱卷評分的客觀性和公平性的確存在一些變數，難免受到質疑，所以，國中基本學力測驗最初幾年基於公平考量不考作文，卻因噎廢食導致國、高中學生國語文能力，尤其是寫作能力普遍低落，意識到此問題的嚴重性之後，自九五學年起恢復作文測驗。透過評分標準的訂定、評分方式的調整，以及閱卷品質的嚴謹管控，基測作文比起以往聯考作文，在鑑別功能上已經有明顯的進步，讓人對評分的公平性也更具有信心。

一、基測作文的評分標準

基測作文採用六級分的評分方式，每一個級分各有客觀的標準依據，以儘量避免閱卷者寬嚴尺度不同，造成給分的落差。依照教育部公布的六個級分評分標準有四項：㈠立意取材、㈡組織結構、㈢遣詞造句、㈣錯別字、格式及標點符號。這四項標準是按重要性排列，實際評分時所佔的比重依序約為百分之四十、三十、二十、十。

㈠立意取材

六級分：能依據題目及主旨選取適當材料，並能進一步闡述說明，以凸顯文章之主旨。

五級分：能依據題目及主旨選取相關材料，並能闡述說明主旨。

四級分：能依據題目及主旨選取材料，但不能有效地闡述說明主旨。

三級分：嘗試依據題目及主旨選取材料，但選取之材料不夠適切或發展不夠充分。

二級分：雖嘗試依據題目及主旨選取材料，但所選取之材料不足或未能加以發展。

一級分：僅解釋提示，或雖提及文章主題，但無法選取相關材料加以發展。

㈡組織結構

六級分：文章結構完整，段落分明，內容前後連貫，並能運用適當之連接詞聯貫全文。

五級分：文章結構大致完整，但偶有轉折不流暢之處。

四級分：文章結構鬆散，或偶有不連貫、轉折不清之處。

三級分：文章結構鬆散，且前後不連貫。

二級分：結構本身不連貫，或僅有單一段落，但可區分出結構。

一級分：沒有明顯文章結構，或僅有單一段落，且不能辨認結構。

㈢遣詞造句

六級分：能精確使用語詞，並有效運用各種句型，使文句流暢。

五級分：能正確使用語詞，並運用各種句型，使文句通順。

四級分：能正確使用語詞，文意表達尚稱清楚，但有時會出現冗詞贅句，句型較無變化。

三級分：用字遣詞不夠精確，或出現錯誤，或冗詞贅句過多。

二級分：用字、遣詞、構句常有錯誤。

一級分：用字遣詞有很多錯誤，或甚至完全不恰當，且文句支離破碎。

㈣錯別字、格式及標點符號

六級分：幾乎沒有錯別字及格式、標點符號運用上之錯誤。

五級分：少有錯別字及格式、標點符號運用上之錯誤，不影響文意表達。

四級分：有一些錯別字及格式、標點符號運用上之錯誤，但不至於造成理解上太大困難。

三級分：有一些錯別字及格式、標點符號運用上之錯誤，以至於造成理解上之困難。

二級分：不太能掌握格式，不太會使用標點符號，且錯別字頗多。

一級分：完全不能掌握格式，不會運用標點符號，且錯別字極多。

由上述評分標準可知：立意取材愈適當、組織結構愈完整、遣詞造句愈精確、字詞及標點符號的使用錯誤愈少，就愈有機會得到愈高的級分。因此，如果要在基測作文中拿到好成績，就必須朝這些目標努力。

二、基測作文的命題趨勢

從題目的型態來看，基測作文與以往聯考作文的不同在於：由聯考的「命題作文」轉變為「引導作文」；至於題目的內涵、性質及命題的避忌，兩者並沒有太大的差別。

(一)以「說明」文字引導寫作

以往聯考的「命題作文」，題目少則一、二字（如：「燈」、「變」、「泥土」、「惜福」），多則十餘字(如:「讓內心充滿快樂,使社會洋溢溫情」、「創造一個富而有禮的社會」)。有些題目文義明確,一看即知下筆方向;有些題目則語意寬泛,含筆腐毫也難以掌握要旨。基測作文在題目之後加上一段說明文字來解說和引導,可以避免考生誤解題意,幫助考生掌握題目的重點。以96年第一次國民中學學生基本學力測驗作文題為例:

題目:夏天最棒的享受

說明:豔陽高掛,暑氣炎炎,有時讓人精神振作、充滿活力,有時又使人汗流浹背,苦不堪言。你可能很喜歡在酷熱的夏天裡運動、閱讀、乘涼,甚至吃火鍋……。你覺得在夏天最棒的享受是什麼?請寫下你的經驗、感受或想法。

題目是「夏天最棒的享受」,而在說明中列舉運動、閱讀、乘涼、吃火鍋等項供參考,後面的「……」,表示你還可以有其他的選擇,也許是吃芒果冰,也許是泡溫泉,也許是其他。但是,既然是「最棒的」就應選擇、描寫其中的一種,寫兩三種享受就不切題,如果寫四五種,就會犯「選取之材料不夠適切或發展不夠充分」的毛病;其次,「說明」的最後要你寫下「經驗、感受或想法」，所以不能只有記敘享受的經驗，而應延伸至情感的抒發或理趣的領悟。

基測作文中的「說明」是對「題目」意涵的補充，也是對考生寫作方向的引導，重要性不下於題目，考生千萬不能為了節省時間，看到題目就埋頭寫作，而忽略了仔細閱讀「說明」的文字內容。

㈡貼近國中學生的生活經驗

基測作文考試的對象是十幾歲青少年階段的國中學生，國中生的生活範圍、生活經驗畢竟有限，而寫作必須以自己的經驗為基礎，才能言之有物，寫出深刻有味的作品。因此，基測作文題目也必然要貼近國中學生的生活經驗，避免流於高調、空泛，這樣，可以讓考生發揮平日所學的遣詞造句、謀篇布局的本領，書寫自己真正的「經驗、感受或想法」，減少事先背誦一些範文佳句，應考時遇到任何題目都生搬硬套的情形。

回顧以往高中聯考的作文題目，在民國六〇至七〇年間，經常出現「中華兒女的大擔當」、「米格機投誠的啟示」、「開創中國人揚眉吐氣的新世紀」這類所謂反共八股，或是「無畏橫逆」、「談睦鄰」、「談榮譽心」這類教條式的考題；自八〇年代以來，大抵都朝生活化的方向命題，這個趨勢在基測作文必然更為明顯，例如：96年第二次國中基測題目「我從同學身上學到的事」，97年第一次基測題目「當一天的老師」，即皆是以學校生活經驗為命題素材。至於中學生除了學校之外的另一個主要生活空間：家庭，本來也是理想的取材範圍，但為了避免對家庭較不幸福的考生造成壓力，因此命題上會有所顧慮。

除了前面提到的學校生活之外，國中學生共通的群己關係，如搭車、購物、交友等，或是人與自然的關係，如登山、賞月、郊遊等生活經驗，也比較容易成為命題取材的來源。

㈢能誘導正面積極的人生觀

有些人批評「考試領導教學」，但如果考試制度、考試題目設計得很好，那麼，考試領導教學（或者說考試引導教學）有何不好？國中基測是眾目所矚的考試，它的題目走向勢必影響國中國文教學與測驗的走向，因此，若能透過基測作文，引導學生正向思考，培養健全的人格、積極進取的人生觀，那麼，基測所發揮的功能就更為深而且鉅，這是命題者念茲在茲用心良苦之所在。

現代社會由於自由、權利意識高漲，與都市化、少子化等因素，青少年難免較為個人主義、自我中心，加上功課、成就上競爭的壓力，或父母婚姻問題、家庭經濟問題……，時常有憂鬱、暴力、反社會或自我封閉、自暴自棄等傾向，因此，基測作文「體諒別人的辛勞」這類題目，可以引導學生多關心別人、體諒別人，反省自己是否過於自私自利；「那一刻，真美」這類的題目，則可引導學生多觀察自然之美、體會人情之美，開放自己的心靈。這類具有矯俗勵志作用，而又不致流於道德八股的題目，應是基測作文命題的重要方向。

(四)能提供開放性的思考空間

作文題目的性質可大概分為兩類，一類是封閉性的題目，一類是開放性的題目。封閉性的題目是提出一個道理讓學生論證，如「知識就是力量」、「有恆為成功之本」、「把握時間」、「人生如跑道」；開放性的題目則是提出一件事物讓學生思辨，如「火」、「跑道」、「知識」、「時間」。

封閉性的題目較容易套用僵化的寫作模式，以致於內容千篇一律，缺乏個人創意，有些人甚至針對常見的主題，背誦一些空泛的名言佳句或文章段落，不管題目性質是否相近就生搬硬套，造成評分上的困擾；開放性的題目具有比較寬廣的詮釋空間、比較多元的思考角度，例如題目「火」，可以從正面討論火的功能、從負面討論火的危險，也可以分別討論火的實用意義、象徵意義；題目「跑道」，可以談具體的運動場跑道上的揮汗奔跑，也可以進一步談抽象的人生跑道上的奮力求進，或由跑道聯想到君子之爭、運動風度等等。開放性的題目比較能夠評量學生的靈活度和開創性，因而在作文命題時較容易受到青睞。

㈤避免城鄉、族群差異或涉及政治立場的議題

考試強調公正客觀，希望能在相同的立足點上公平競爭，而愈大規模的考試，考生的身份、地域、背景愈多元複雜，因此，凡是會涉及城鄉或族群差異，以及政治敏感性，造成對某些考生不利的題目，命題者應該都會儘量避免。

例如：「我最喜歡的流行音樂」、「逛百貨公司」這類題目對都市考生顯然較有利，「摘水果記」、「山泉」這類題目可能對鄉下考生較有利。再如「阮的書房」、「讀冊的重要」這類使用閩南語字詞的題目，不懂閩南語的考生就未必理解題意。而牽涉政治的議題，則很容易因為閱卷者政治立場不同，對某些政治人物好惡有別，影響評分的公正性。

三、基測作文的應考要領

想在基測作文有好表現，要注重平時準備功夫與臨場應考要領。強健的身體，來自於良好的運動習慣；想擁有流暢的文筆，則有賴平日培養良好的閱讀習慣。寫作能力如

同健身，都是靠日積月累的功夫，不是一朝一夕臨時抱佛腳可得。如果平常能像劉勰所說的：「積學以儲寶，酌理以富才，研閱以窮照」，累積學問以充實知識的寶庫，明辨事理來豐富寫作的才識，體驗實際生活以增進觀察的能力，那麼，考試就較能應付裕如了。

有些人平常在校的作文成績不錯，但基測作文得到的級分卻不盡理想，有可能是因為考試時過分緊張，或未能把握應考要領，以致於臨場表現失常，實在非常可惜。因此，考試時除了要克服緊張的心情之外，可參考以下的步驟和要領：

㈠詳細審題，掌握主旨

作文時最忌諱的是為了趕時間看到題目就埋頭猛寫，等到發現偏離題意時已浪費許多時間，且必然造成心情慌亂；相反的，應該保持鎮定，看清楚題目的每一個字，找出關鍵字詞，並且仔細閱讀題目後面的說明，以了解命題的用意和寫作的要求，從而掌握主旨，確保文章不會偏題或離題。

以97年第一次國中基測寫作測驗為例：

題目：當一天的老師

說明：求學至今，你遇過許多不同的老師，如果請你當一天的老師，你會做些什麼？是在家政課上，安排學生服裝表演？還是帶領學生進行戶外教學？或者是整天都面帶微笑，不責備學生？……請寫出你的想法與做法。

※不可在文中洩漏私人身分

※不可在文中使用真實的人名與校名

※不可使用詩歌體

題目「當一天的老師」，關鍵詞包括「一天」和「老師」，假使你寫好幾天甚至一星期，或不是從老師而是從學生的角度來寫，都不算切題。而「說明」中要你寫出「如果請你當一天老師的想法和做法，並舉出三個例子引導你思考，你可從中取材，也可以發揮創意另外設想；因為是「如果」，所以你可以有天馬行空的想像。

「立意取材」是否能「依據題目及主旨選取適當材料」，可分為切題、偏題、離題、文不對題四型，這是決定作文分數高低的最重要因素，切題的文章自然容易得高分，所以下筆寫作前一定要做好「審題」的功夫。

㈡決定架構，草擬大綱

審題之後，要決定全文架構，進而草擬分段大綱。基測作文由於時間有限，以寫四段最為理想。文章的各個段落，分開看似各自獨立，實則文理與文氣相連相銜，如同人的頭部、軀幹、四肢，各有所司而血脈相通。整體而言，文章首段宜簡明扼要，並引人入勝；末段要總結全文，且留有餘味；中間兩段則應具有層次分明、轉折有致、論證有力、虛實相生等特色。

一般人常用起、承、轉、合來區分文章的四個段落。這是一種較籠統的說法，未必適用於所有文章。就國中學生基測作文而言，不妨熟悉以下幾種不同的結構方式：

1. 敘議式：分開頭、敘事、議論、結語四段。
2. 論證式：分開頭、議論、例證、結語四段。
3. 正反式：分開頭、正論、反論、結語四段。
4. 二何式：分開頭、為何、如何、結語四段。
5. 虛實式：分開頭、實義（具體義）、虛義（象徵義）、結語四段。
6. 遠近式：分開頭、遠景（古事）、近景（今事）、結語四段。
7. 並列式：分開頭、首先、其次、（再其次、）結語四段或五段。

文章「組織結構」的要求是：結構完整，段落分明，內容前後連貫。若能參考並靈活運用前述各種結構方式，考試時根據題目的性質斟酌採取其中一種來寫作，再配合恰當的審題立意，那麼文章就有一定的水準了。

㈢控制時間，及時作結

在審題立意及擬定大綱的過程中，應該確立全文的中心思想，把全篇的理路爬梳清楚，安排好結構段落與相關材料，並設計前後呼應的細節。然後，就可以從首段開始逐段書寫，前面的準備功夫愈確實，進入寫作階段就愈順手。如同建築師已經設計好藍圖，規劃並備妥所需建材之後，就順理成章從地基而一樓二樓往上蓋，而不致於因突發狀況而手忙腳亂。

當然，好的文章除了遣詞造句正確，行文通順流暢之外，應更進一步追求修辭與美感。因此，在寫作時若能適度運用各種修辭技藝，使文章更靈動鮮活，更具有文學之美，那麼，自然更容易得到高分。

另外，書寫時務必要全神貫注，最好先想好完整的文句再下筆，以免行文不順暢或字詞錯誤時塗塗改改，既浪費時間，破壞卷面整潔，且容易造成心情煩亂。寫錯別字時，只要在錯別字上面畫兩條直線，或在旁邊打「×」即可；若用立可白修改，務必記得將正確的字詞填上。再者，書寫時字跡不可太潦草、零亂，字體要大小適中，有些人字跡張牙舞爪，有些人字體細如螞蟻，都會影響到評分。

最後，要注意控制時間，以免文章結語不完整或草草結束。如果發覺只剩兩、三分鐘而尚未進入結尾時，應及時結束此段，再依原先的規劃精簡作結，或從已寫好的文句中尋覓，找出最能點明題旨、最能綜合全文觀點的句子，做為足以使文章前後呼應的總結。

㈣檢查全文，補正疏漏

基測考試由於關係到能否升上自己心目中理想的學校，因此，考試時難免患得患失，造成心情緊張；況且考試時間有限，作文必須在四、五十分鐘之內完成，行文匆忙之際不免會產生一些不自覺的錯誤，如：漏字、錯別字，使用語詞、成語不當，或是引用的話語張冠李戴，錯把孟子的話當成是孔子等等，如果能加以檢查訂正，當然能減少不必要的錯誤。

標點符號使用的正確與否，也是評分項目之一，較常見的毛病是把「，」標成「、」，把「。」標成「·」，以及未能正確使用「；」，這些錯誤或瑕疵也應一併加以修正。

「臨淵羨魚，不如退而結網；臨席羨智，不如退而讀書。」寫作能力的培養，有賴平時多讀書、多觀察、多練習；但是，平常在學校表現良好的寫作能力，並不能保證基測作文一定得高分，就像再神準的NBA球員也投出籃外空心，再優秀的打擊高手也有被三振的時候。因此，除了平時的努力外，考前多練習，考試時掌握前面所談的應考要領，那麼，必然增加幾分勝算。

結語

作文要有頭有尾，而且要「龍頭鳳尾」，流露文章的華采，顯示作者的情意和才華。因此文章的開端和結束，都要費些心思，與文題扣應，才能入題，又要表現華麗的文思和筆調，如同龍頭鳳尾的華麗，引吸讀者閱讀的心，不忍捨棄，繼續讀下去，看箇究竟。如同梁劉勰《文心雕龍》中，告訴我們寫文章要「首尾圓合」，使文章有頭有尾，前後呼應，能將文章的主旨點出。

作文有「開門見山」式的，便是開端點題；同樣地，作文有「文末點題」式的，在文章結尾時，將題目點出，顯得作文的高妙。例如作文題目是「走入山中」，如果開端寫法是：

> 我呼喚山，山不過來，那我便要走進去。……

這種入題，便是開門見山式的寫法，不是解釋題目，而是以文趣的手法，引人入勝。又如漢樂府的〈長歌行〉或唐白居易的〈長恨歌〉，雖然是詩歌，這兩篇的結束，都是文末點題式的寫法，結語是：

……百川東到海，何時復西歸？少壯不努力，老大徒傷悲。

（〈長歌行〉）

……天長地久有時盡，此恨綿綿無絕期。

（白居易〈長恨歌〉）

因而文章的收結，一定要給讀者留下一句印象深刻的話，並且又與作文題目要切合，如此結束，才算是作文的高手，升學考試的文章，也不例外。

其實作文的法則，不外三段論法，就是「三論」：序論、討論和結論。開端入話，便是「序論」，文章結尾一段，便是「結論」，中間數段，也是文章內容的主題，便是「討論」，討論可以正反對比，造成文章的全方位，不落在單的主觀說法上。「三論」的作文方式，是針對議論文而發，其實任何文章，都可以引用「三論」，如何開端，接著如何安排文章的主體，結束時，如何結語，這是文章的完整結構，在提筆寫作時，便布局妥當，按照這種規範來作文，必然是萬無一失，且胸有成竹。

前人寫文章的經驗，可以給我們很多的啟示：例如民國八年五四運動，胡適、羅家倫、陳獨秀等提倡白話文的新文學運動，他們引用清末黃遵憲《人境廬詩草》裡的句子，「我手寫我口，古豈能拘牽」。白話文學，要求「我手寫我口」，成為白話文的特色，古人的作品、形式，豈能限制我呢？後來朱自清在〈理想的白話文〉中，便告訴我們，理想的白話文——上口。而「上口」是文章要口語化，自然流利，與「我手寫我口」，語文合一的理論相同。其次韓愈告訴李翊如何寫好散文，在〈答李翊書〉中，有一句話，也可以說是文章的奧祕，他說：「唯陳言之務去。」文章最怕陳腔濫調，人云亦云，沒有新意。如能把陳言、八股排除，寫出來的作文，自然便清新而有新意和創意了。從「我手寫我口」，「理想的白話文——上口」，到「唯陳言之務去」，這些要點，可算是作文的奧祕。

我們集合五位學者，來探討中學生的作文，希望藉這本作文的奧祕，來開創中學生作文的新境界，使中學生作文，能更上層樓。

附錄：歷屆基測作文試題

95年第一次基測作文題目

題目：體諒別人的辛勞

說明：一天的生活當中，有許多人為我們做許多事，不可能凡事只靠自己。如果能多體諒別人，懂得感謝和寬容，不僅自己覺得快樂，家庭、社會也將更溫馨和諧。想一想：在你的生活周遭，親長、朋友、社會大眾……，那些人為你付出、為你服務？你應當用什麼樣的心態、行動來面對或回報他們？若他們的付出或服務不能盡如你意時，你又該如何？

※不可在文中暴露自己的姓名

※請勿使用詩歌體

96年第一次基測作文題目

題目：夏天最棒的享受

說明：豔陽高掛，暑氣炎炎，有時讓人精神振作、充滿活力，有時又使人汗流浹背、苦不堪言。你可能很喜歡在酷熱的夏天裡運動、閱讀、乘涼，甚至吃火鍋……。你覺得在夏天最棒的享受是什麼？請寫下你的經驗、感受或想法。

※不可在文中洩漏私人身分

※不可使用詩歌體

96年第二次基測作文題目

題目：我從同學身上學到的事

說明：在我們求學的過程中，曾遇見許多同學。每個同學都有各自的特點，從他們身上，我們可以學到一些事，因而影響了自己的想法或行為。請就你的經驗、感受或想法，寫出從同學身上所學到的事。

※若提及同學姓名，請用甲同學、乙同學……代替

※不可在文中洩漏私人身分

※不可使用詩歌體

97年第一次基測作文題目

題目：當一天的老師

說明：求學至今，你遇過許多不同的老師，如果請你當一天的老師，你會做些什麼？是在家政課上，安排學生服裝表演？還是帶領學生進行戶外教學？或者是整天都面帶微笑，不責備學生？……請寫出你的想法與做法。

※不可在文中洩漏私人身分

※不可在文中使用真實的人名與校名

※不可使用詩歌體

97年第二次基測作文題目

題目：那一刻，真美

說明：生活中有許多動人而美好的時刻：也許是走出戶外，發現山的壯麗與海的遼闊；

或者是閱讀的時候，某段文字觸動了內心；也可能是在大雨中，看見父母為子女遞送雨傘的身影……那些動人的時刻，總是給我們美好的感覺。請寫下你生活中美的那一刻，說明它的特別之處，以及你的感受或想法。

※不可在文中洩漏私人身分

※不可使用詩歌體

・基測推動工作委員會　寫作測驗專欄：http://www.bctest.ntnu.edu.tw/writing.htm

作文與閱讀的魔法書

文字編織——讓寫作變容易的六章策略

寫作就像編織，得一針一線，才能縫綴成一塊色彩斑斕的錦繡文章！怎樣才能讓文字乖乖臣服於筆下，是令許多學子頭疼的問題。面對生活中頻繁使用文字的機會，該如何學習，才能在寫作上獲得顯著的進步呢？知名作家廖玉蕙女士所撰寫的《文字編織》，分享她多年來的獨門創作經驗，書中介紹許多實用可靠的寫作「小撇步」，只要學子們細心研讀，都能成為「文字編織」達人喔！

神探作文——讓作文變有趣的六章策略

What（是什麼）、Why（為什麼）、How（如何做）、else（反之如何）四個辦案步驟如何和寫作文扯上關係？本書的主角福爾摩斯接到德文郡警長的邀請，請他到德文郡來解決一件奇案。隨著案情越來越離奇，福爾摩斯面對這些懸疑難解的問題，竟然採用「作文」這個武器來與歹徒周旋！到底福爾摩斯如何利用寫作技巧來破案呢？藉由本書，學子們將跟著福爾摩斯一起成為「作文神探」！